UNA RACCOLTA
DI OPUSCOLI CALCEDONENSI

CORPUS
SCRIPTORUM CHRISTIANORUM ORIENTALIUM
EDITUM CONSILIO
UNIVERSITATIS CATHOLICAE AMERICAE
ET UNIVERSITATIS CATHOLICAE LOVANIENSIS

Vol. 404

SCRIPTORES SYRI
TOMUS 178

UNA RACCOLTA DI OPUSCOLI CALCEDONENSI

(Ms. Sinaï Syr. 10)

TRADOTTA
DA
PAOLO BETTIOLO

LOUVAIN
Secrétariat du CorpusSCO
Waversebaan, 49
1979

ISBN 2 8017 0106 8

D/1979/0602/4

Imprimerie Orientaliste, s.p.r.l., Louvain (Belgique)

SIGLE E ABBREVIAZIONI

ABOUNA, *Chronicon* = A. ABOUNA, *Anonymi Auctoris Chronicon ad A.C.1234 pertinens*, (version), II° p., CSCO, 354, Louvain, 1974.

ABRAMOWSKI, *Dionysius* = R. ABRAMOWSKI, *Dionysius von Tellmahre–Jakobitischer Patriarch von 818-845*, Leipzig, 1940.

ACO = Ed. SCHWARTZ, *Acta Conciliorum Oecumenicorum*, Leipzig u. Berlin, 1927 ss.

AMBROGIO, *de Fide* = *S. Ambrosii de Fide ad Gratianum Augustum*, editio MAURINORUM, PL, 16, 527-698; O. FALLER, S. *Ambrosii Opera, pars VIII, de Fide (ad Gratianum Augustum)*, CSEL, 78, Vindobonae, 1962.

ASSEMANUS, *Bibliotheca* = J.S. ASSEMANI *Bibliotheca Orientalis Clementino-Vaticana*, II, Romae, 1721.

PSD-BASILIO, *Adversus Eunomium* = *Rufini Origenis ... interpretatio*, in: P. KOETSCHAU, *Origenes Werke, V, De principis* (περὶ ἀρχῶν), GCS, 22, Leipzig, 1913.

BAUMSTARK, *Geschichte* = A. BAUMSTARK, *Geschichte der syrischen Literatur*, Bonn, 1922.

BROOKS, *Historia ecclesiastica* = E.W. BROOKS, *Historia ecclesiastica Zachariae Rhetori vulgo adscripta*, II° p., CSCO, 84, Paris, 1921.

CHABOT, *Chronique* = J.-B. CHABOT, *Chronique de Michel le Syrien*, 4 tt., Paris, 1899-1910.

CHABOT, *Éclaircissements* = J.-B. CHABOT, *Éclaircissements sur quelques points de la littérature syriaque*, in: *Journal Asiatique*, Xe s., VIII (1906), p. 259-293.

CHABOT, *Chronicon* = J.-B. CHABOT, *Anonymi Auctoris Chronicon ad annum Christi 1234 pertinens*, (texte), II° p., CSCO, 82, Paris, 1916.

CIRILLO, *ad Eulogium* = *S.P.N. Cyrilli Epist. XLIV, ad Eulogium*, editio J. AUBERTI, PG, 77, 224-228; ACO, I, I, 4, p. 35-37.

CIRILLO, *ad Succensum* = *S.P.N. Cyrilli Epist. XLV, I ad Succensum*, editio J. AUBERTI, PG, 77, 228-237; ACO, I, I, 6, p. 151-157.

CIRILLO, *Apologeticus* = *S.P.N. Cyrilli Apologeticus contra Theodoretum pro XII capitibus*, editio J. AUBERTI, PG, 76, 385-452; ACO, I, I, 6, p. 107-146.

CIRILLO, *Scholia* = *S.P.N. Cyrilli Scholia de Incarnatione Unigeniti*, editio J. AUBERTI, PG, 75, 1369-1412; ACO, I, V, 1, p. 219-231.

PSD-CIRILLO, *de Incarnatione* = *Theodoreti ep. Cyri de Incarnatione Domini*, ed. A. MAI, PG, 75, 1420-1477.

CC-SG = *Corpus Christianorum-Series Graeca*, Turnhout, 1977 ss.

CSCO = *Corpus Scriptorum Christianorum Orientalium*, Louvain et Washington, 1903 ss.

CSEL = *Corpus Scriptorum Ecclesiasticorum Latinorum*, Vindobonae, 1866 ss.

DEAN, *Epiphanius* = J.E. DEAN, *Epiphanius, Treatise on Weights and Measures. The Syriac Version*, Chicago, 1935.

DE HALLEUX, *Une clé* = A. DE HALLEUX, *Une clé pour les hymnes d'Éphrem dans le ms. Sinaï Syr. 10*, in *Le Muséon*, LXXXV (1972), p. 171-199.

DE HALLEUX, *A la source* = A. DE HALLEUX, *A la source d'une biographie expurgée de Philoxène de Mabbog*, in *Orientalia Lovaniensia Periodica*, 6/7 (1975/76), p. 253-266.

DE LAGARDE, *Fragmenta* = P. DE LAGARDE, *Veteris Testamenti ab origine recensiti fragmenta apud Syros*, Göttingen, 1880.

DIEKAMP, *Doctrina Patrum* = F. DIEKAMP (ed.), *Doctrina Patrum de Incarnatione Verbi. Ein griechisches Florilegium aus der Wende des siebenten und achten Jahrhunderts*, Münster i.W., 1907.

EFREM, *Sermo II Rogationum* = T. J. LAMY, *Sancti Ephraem Syri Hymni et Sermones*, IV, Mechliniae, 1902.

FURLANI, *Énigmes* = G. FURLANI, *Un recueil d'énigmes philosophiques en langue syriaque*, in: *Revue de l'Orient Chrétien*, IIIe s., I (1918-1919), p. 113-136.

FURLANI, *Indovinelli* = G. FURLANI, *Gli indovinelli di Giovanni Azzaq*, in: *Rendiconti della R. Accademia Nazionale dei Lincei. Classe di Scienze Morali, Storiche e Filologiche, s.V*, XXXII (1923), p. 37-50.

FURLANI, *Nuova raccolta* = G. FURLANI, *Di una nuova raccolta di indovinelli in lingua siriaca*, in: *Rendiconti della R. Accademia Nazionale dei Lincei. Classe di Scienze Morali, Storiche e Filologiche, s.V*, XXXIII (1924), p. 77-80.

Georgs Gedichte und Briefe = *Georgs des Araberbischofs Gedichte und Briefe, aus dem Syrischen übersetzt und erläutert von* V. RYSSEL, Leipzig, 1891.

GREGORIO NAZIANZ., *I ad Cledonium* = *S.P.N. Gregorii Theologi Epist. CI, I ad Cledonium*, editio MAURINORUM, PG, 37, 176-193; P. GALLAY, *Grégoire de Nazianze, Lettres Théologiques*, SC, 208, Paris, 1974, p. 36-68.

GREGORIO NAZIANZ., *de Filio* = *S.P.N. Gregorii Theologi Epist. II de Filio*, editio MAURINORUM, PG, 36, 104-133.

GCS = *Die griechischen christlichen Schriftsteller der ersten drei Jahrhunderte*, Berlin, 1897 ss.

HELMER, *Neuchalkedonismus* = S. HELMER, *Der Neuchalkedonismus. Geschichte, Berechtigung und Bedeutung eines dogmengeschichtlichen Begriffes (Inaugural-Dissertation)*, Bonn, 1962.

MASPERO, *Histoire* = J. MASPERO, *Histoire des Patriarches d'Alexandrie depuis la mort de l'empereur Anastase jusqu'à la réconciliation des églises jacobites (518-616)*, Paris, 1923.

MOELLER, *Néo-chalcédonisme* = Ch. MOELLER, *Le chalcédonisme et le néo-chalcédonisme en Orient de 451 à la fin du VIe siècle*, in: A. GRILLMEIER-H. BACHT, *Das Konzil von Chalkedon. Geschichte und Gegenwart*, B.I., Würzburg, 1951, p. 637-720.

PAYNE SMITH, *Thesaurus* = R. PAYNE SMITH, *Thesaurus Syriacus*, 2 tt., Oxonii, 1879-1901.

PG = J. P. MIGNE, *Patrologiae cursus completus. Series graeca*, Paris, 1857-1866.

PL = J. P. MIGNE, *Patrologiae cursus completus. Series latina*, Paris, 1844-1855.

PO = *Patrologia Orientalis*, Paris, 1907 ss.

RICHARD, *Testimonia* = M. RICHARD, *Testimonia Sancti Basilii*, in: *Revue d'Histoire Ecclésiastique*, 33 (1937), p. 794-796.

RICHARD, *Iohannis opera* = M. RICHARD (ed.), *Iohannis Caesariensis presbyteri et grammatici opera quae supersunt*, CC-SG 1, Turnhout, 1977.

RYSSEL, *Ein Brief* = V. RYSSEL, *Ein Brief Georgs, Bischofs der Araber, an den Presbyter Jesus. Mit einer Einleitung über sein Leben und seine Schriften*, in : *Theologische Studien und Kritiken*, I (1883), p. 278-371.

SANDA, *Philoponi* = A. SANDA, *Joannis Philoponi opuscula monophysitica*, Beryti, 1930.

SEVERO, *ad Oecumenium* = E. W. BROOKS, *A Collection of Letters of Severus of Antioch*, PO, t.XII, f.2, Paris, 1915.

SHERWOOD, *Date-List* = P. SHERWOOD, *An Annotated Date-List of the Works of Maximus the Confessor*, Studia Anselmiana XXX, Romae, 1952.

SC = *Sources Chrétiennes*, Paris, 1942 ss.

STROTHMANN, *Codex* = W. STROTHMANN, *Codex Syriacus Secundus–Bibel-Palimpsest aus dem 6./7. Jh. (Katalog Hiersemann 500/3)*, Wiesbaden, 1977.

VAN ROEY, *Dossier* = A. VAN ROEY, *Het dossier van Proba en Juhannan Barboer*, in : *Scrinium Lovaniense. Mélanges historiques Étienne Van Cauwenbergh*, Leuven, 1961, p. 181-190.

VAN ROEY, *Trois auteurs* = A. VAN ROEY, *Trois auteurs chalcédoniens syriens : Georges de Martyropolis, Constantin et Léon de Harran*, in : *Orientalia Lovaniensia Periodica*, 3 (1972), p. 125-153.

WEISS, *Studia Anastasiana* = G. WEISS, *Studia Anastasiana I, Studien zum Leben, zu den Schriften und zur Theologie des Patriarchen Anastasius I. von Antiochien (559-598)*, München, 1965.

WRIGHT, *Catalogue* = W. WRIGHT, *Catalogue of Syriac Manuscripts in the British Museum, Acquired since the Year 1838*, London, 1870-72.

INTRODUZIONE

Tempo fa, sintetizzando le linee di tendenza della riflessione teologica lungo il VI° sec., così si è scritto : «La scolastique de l'époque se manifeste de deux manières : l'utilisation des Catégories d'Aristote, dans la version de Porphyre, aux fins d'interpréter les formules dogmatiques litigieuses, et l'emploi du genre didactique «Questions et réponses», pour exposer les problèmes et les résoudre»[1]. Un esempio singolare di questo genere sussidiario del dibattito dogmatico del tempo ci è offerto da una raccolta di «Questioni» che il compilatore anonimo del ms. sinaitico siriaco 10 ha ripreso all'inizio del suo lavoro. Singolare non solo per la successione fitta di un opuscolo all'altro, ma anche per la provenienza 'calcedonese' della quasi totalità di questi scritti, e si conosce l'estensione limitata di una letteratura melkita di lingua siriaca[2].

Nelle pagine che seguono, dopo una ricognizione condotta sul materiale in presenza e brevi osservazioni su alcune particolarità redazionali di questi scritti, si cercherà di precisare l'identità degli autori attestati e definire, con l'ambito dei problemi, luogo e tempo di composizione di parte almeno della raccolta.

I. Analisi della sezione dottrinale (ff. 1r°-42r°) del ms. Sin. sir. 10.

Come si è osservato, «le scribe melkite de l'actuel ms. Sinaï Syr. 10 y a réuni nombre de pièces dogmatiques, ascétiques, historiques et philosophiques des plus disparates»[3]. Ora la prima sezione del ms. che qui ci interessa[4], si stacca per l'omogeneità tematica e

[1] Moeller, *Néo-chalcédonisme*, p. 639.

[2] Cfr in questo senso il giudizio di Baumstark, *Geschichte*, p. 336. Certo almeno parte dei testi che qui si introducono sembrerebbero essere traduzioni, e traduzioni anche non dovute alla stessa persona, se si è attenti all'oscillazione nella resa di alcuni termini tecnici del linguaggio teologico come, ad es., ὁμοούσιος ed il suo correlato ἑτεροούσιος.

[3] de Halleux, *Une clé*, p. 171.

[4] Il p. de Halleux, *A la source*, p. 253, estende questa prima sezione dottrinale del ms. fino al f. 53v°, includendovi una 'cronaca breve' che ne costituirebbe «de quelque manière» la conclusione.

stilistica dei suoi scritti. La continuità della serie è tuttavia interrotta, e non solo da accidenti che hanno intaccato l'integrità del ms. o da difetti che sicuramente risalgono al codice o ad uno dei codici utilizzati dal nostro compilatore[5]: anche il materiale compreso in questi primi 42 ff. è diverso. Ne diamo qui di seguito un elenco[6].

I	(Questioni contro i nestoriani)	ff. 2r°-2v°
II	Questioni contro i giulianisti	2v°-4r°
III	Questione di un eretico	4r°
IV	(Questioni) contro i nestoriani	4r°-5r°
V	Sette questioni di Foca	5r°-7r°
VI	Questioni d'altro genere	7r°-7v°
VII	Questioni del Mār Probo metropolita di Calcedonia contro i giacobiti	8r°-13r°
VIII	Altre questioni dei severiani e loro confutazione (fatta) dagli ecclesiastici	13v°-22v°
IX	Questioni di Leonzio monaco	22v°-25r°
X	Questioni di Anastasio monaco contro quelli che respingono la professione delle due nature	25r°-26v°
XI	(Questioni di Giovanni)	27r°-28r°
XII	Questioni di ecclesiastici contro i giacobiti	28r°-31v°
XIII	Ancora contro i giacobiti	31v°-32v°
XIV	Questioni ai severiani ed ai giulianisti	32v°-34r°
XV	Questioni di Giovanni l'archimandrita[7]	34r°
XVI	Questioni d'altro genere	34r°-35r°
XVII	Questioni di un ecclesiastico contro gli scrutatori, quelli che ritengono di esser giunti a scrutare la natura della gloriosa Trinità[8]	35r°
XVIII	(... indovinelli)	35v°-36v°
XIX	Questioni contro quelli che dicono ...[9]	36v°-37r°
XX	Traduzione dei nomi fatta dall'ebraico in siriaco di Mār Epifanio di Cipro	37r°-38r°

[5] Cfr l'introduzione all'edizione del testo, p. 5*.

[6] È opportuno tener presente che il ms. è acefalo e che il f. 1 della numerazione recepta si deve inserire fra i ff. 3 e 4.

[7] Seguono tre questioni non direttamente cristologiche. È difficile poter garantire che comunque appartengono ad uno scritto di questo autore. In assenza di positive ragioni contrarie sono tuttavia qui riprodotte.

[8] Di fatto manca il testo di questo opuscolo.

[9] Il seguito del testo è cancellato. Pare improbabile che quanto si legge al f. 37r° ne sia una almeno immediata continuazione e chiusa.

XXI	Questioni dei giulianisti ai severiani	38r°-39r°
XXII	Questioni contro i giulianisti	39r°-39v°
XXIII	Questioni contro i nestoriani	39v°-41v°
XXIV	Ancora una questione	41v°-42r°

Come si vede la polemica attestata da questi scritti si indirizza contro tutte le fedi cristiane dell'epoca, anche se certamente lo spazio maggiore è occupato dalla discussione coi monofisiti. A più riprese tuttavia si infiltrano nel testo, immediatamente[10] o sotto forma di «Questioni d'altro genere»[11], testimoni di quel genere letterario che J.-B. Chabot chiamò la «littérature 'récréative' des Syriens» in quella variante che indica «comment les Syriens entendaient la maxime: Instruire en amusant»[12], le raccolte di indovinelli.

La fortuna di queste collezioni, sia applicate all'insegnamento della Storia Sacra come nel caso dei 'jeux d'esprit' studiati dallo Chabot, sia a soggetti di logica, fisica o anche metafisica e teologia, ci è attestata dalle copie che ne circolano in vari manoscritti[13]. Le reciproche connessioni ne sono state già segnalate. Basti ora dire che anche i nostri indovinelli si ritrovano talora nelle collezioni fin qui pubblicate, e lì forniti di quella soluzione che non è dato leggere nel Sin. sir. 10.

Interrompe ancora la serie delle questioni un composito scritto, attribuito ad Epifanio di Cipro, sulla traduzione siriaca dei nomi ebraici[14]. Di fatto al f. 37r°, fino alla l. 7 del f. 37v°, si legge una breve esegesi allegorica di due passi del libro dei Proverbi, cap. 30 v. 28 e successivamente vv. 21-23. Segue, fino alla fine del brano, una spiegazione di varie unità di misura e, quindi, una semplice indicazione di termini vetero-testamentari sinonimi[15].

[10] È il caso della XVIII[a] sezione.

[11] Come per le sezioni VI[a], XVI[a] e XXIV[a]. Può essere interessante notare che una ulteriore raccolta di 10 indovinelli, introdotti come «Questioni» e numerati, si legge ai ff. 219r°-220r° del ms.

[12] CHABOT, *Éclaircissement*. Le osservazioni citate si trovano in una sezione dell'articolo, *VII. Les jeux d'esprit chez les Syriens*, p. 275-286, alla p. 276.

[13] Si tratta di testi studiati da G. FURLANI; cfr di questi: *Enigmes*, *Indovinelli* e *Nuova raccolta*.

[14] È la sezione XX[a] del ms.

[15] Non ho individuato la provenienza di questo testo. Si potrebbe pensare al *De mensuris et ponderibus*, ma certo non v'è alcuna corrispondenza letterale con questo trattato, almeno non con l'edizione ristampata in PG 43, 237-293. Non ho potuto procedere invece ad un confronto con la versione siriaca dello scritto, nè nell'edizione curata da DE LAGARDE in *Fragmenta*, p. 149-216, nè in quella di DEAN,

II. Particolarità redazionali degli opuscoli

Le 'questioni' cristologiche qui studiate presentano una caratteristica non del tutto priva di interesse per un lavoro che cerchi di individuare storia e leggi di organizzazione di questo particolare genere letterario.

Chiunque legga questi testi avvertirà non solo una generica ricorrenza dei medesimi temi ma, di più, la ripresa letterale o quasi delle medesime questioni in scritti diversi. Se talora si potrebbe pensare ad una semplice riscrittura del medesimo opuscolo da diversi manoscritti, più spesso invece sembra si debba riconoscere una pratica di composizione di serie di 'difficoltà' da proporre all'avversario che poggiava sull'utilizzo ripetuto di raccolte precedenti.

Il I° opuscolo, indirizzato contro i nestoriani, manca dell'inizio. Così come lo leggiamo, il testo ci situa nel mezzo di una questione. Al suo termine si riprende con una nuova sezione introdotta da un «ancora in altro modo» che comprende tre distinte questioni. Le stesse, nello stesso ordine, con la medesima introduzione, si ritrovano nella XXIII^a raccolta: costituiscono una unità indipendente che è riprodotta in due diversi contesti.

Questa tecnica redazionale è pienamente evidente anche altrove. Il XII° e il XIII° opuscolo sono testimoni di una polemica antigiacobita. Il XII° comprende 19 questioni; il XIII°, per quanto più breve, 20. Ora il primo di questi ha ben 14 questioni in comune con due altri scritti: 6 con le questioni di Probo, altre 6 con quelle di Anastasio, mentre il testo delle ultime due si ritrova tanto in Probo che Anastasio. Per una di queste tuttavia l'accordo è con la forma breve di Anastasio contro quella lunga di Probo; l'altra si legge anche nella II^a sezione. Sono ancora 8 ulteriori questioni brevi di Probo che ritornano nel XIII° opuscolo, mentre un'ultima ne ricorre singolarmente a chiusura della XVI^a sezione, fin lì unicamente comprensiva di indovinelli. Così

Epiphanius. Si deve tuttavia segnalare che la parte relativa al libro dei Proverbi si ritrova sotto il titolo di *Erklärung hebräischer Namen von Epiphanius von Cypros* al f. 44 del 'codex syriacus secundus' recentemente analizzato e pubblicato 'im Faksimile-Druck' da W. Strothmann (cfr *Codex*, p. 9 per la presentazione della sezione; p. 58 per il testo).

È opportuno far presente che gli 'Indovinelli' e il frammento di Epifanio non sono compresi nella presente edizione. La numerazione progressiva dei testi segue tuttavia quella dell'elenco stabilito sulla base di tutto il materiale presente nella parte di ms. considerata: non sorprenda quindi la preterizione di singoli numeri in corrispondenza delle sezioni non pubblicate.

il testo di Probo, che nella redazione del Sin. sir. 10 conta 35 questioni (di cui però due identiche), di fatto ritorna in parte sotto altri cinque titoli : 19 sue questioni non gli sono strettamente proprie.

Il seguente specchio permetterà di meglio cogliere questi rapporti :

I°	2	XXIII°	1				
	3		2				
	4		3				
XII°	2	VII°	8				
	6		9				
	8		10				
	9		11				
	10		12				
	11			X°	7		
	12 +		4		8 +		
	13				9		
	14[16]				10		
	15		7		11	II°	3
	16		13 e 16				
	17				12		
	18				15		
	19				16		
XIII°	1	VII°	22				
	2		24				
	3		27				
	4		28				
	5		29				
	6		30				
	7		31				
	8		32				
	14		33				
XVI°	1	VII°	17				

Ai paralleli interni ai testi qui raccolti mi è possibile aggiungerne due esterni.

Il ms. 860 (Add.12.154) del British Museum contiene fra l'altro una

[16] Il testo in XII è più lungo che in X. Qui una parte della questione sembra caduta.

raccolta di lettere di Giorgio vescovo degli Arabi[17]. La prima, indirizzata a Mārī, 'abbat of the monastery of Tell-Adā' e datata a.Gr.1028, a.D.717[18], è seguita da tre appendici che riportano questioni poste da eretici con le opportune repliche. Si tratta di obiezioni nestoriane, di una citazione dalla seconda lettera a Succenso di Cirillo d'Alessandria e, quindi, di una «Quaestio impii Probi posita castis monachis in urbe Antiochiae». Quest'ultima, che Van Roey giudica doversi riportare alla disputa sostenuta dal sofista Probo ad Antiochia con i monaci monofisiti del luogo durante il secondo patriarcato di Anastasio (593-598)[19] — vicenda su cui torneremo —, corrisponde alla seconda questione avanzata dal monaco Anastasio a quanti 'respingono la professione delle due nature'. Minime sono le diversità dei testi, limitate particolarmente ad alcune variazioni di soggetto (dalla prima persona singolare di Anastasio alla prima plurale del ms. londinese ...) e ad una specificazione: lo ܫܘܠܚܦܐ ܕܟܝ̈ܢܐ diviene nel ms. del British Museum ܫܘܠܚܦܐ ܕܐܘܣܝܐ ܕܟܝ̈ܢܐ. Qui, di più, segue una replica che di fatto riproduce la quaestio con la sostituzione degli ܩܢܘ̈ܡܐ ai ܟܝ̈ܢܐ e il riferimento alla tradizione ortodossa dei 'santi Padri'.

Più importante risulta una seconda serie di testi paralleli.

Le sette questioni che il ms.Sin.sir.10 attribuisce a Foca sono già note in lingua greca, la originale, al lettore occidentale. Come Τοῦ μακαριωτάτου Εὐλογίου πάπα 'Αλεξανδρείας, κεφάλαια ἑπτὰ περὶ τῶν δύο φύσεων τοῦ Κυρίου καὶ Σωτῆρος ἡμῶν 'Ιησοῦ Χριστοῦ furono pubblicate a Parigi nel 1675 da F. Combefis nell'edizione complessiva delle opere di Massimo il confessore al seguito di uno degli Opuscula Theologica et Polemica di questi[20].

Una seconda recensione dei capita, ma anonima e più ampia di ben

[17] Per la descrizione del codice cfr. WRIGHT, *Catalogue*, p. 976a ss. La raccolta delle undici lettere di Giorgio, che definisce la 35ª sezione del ms., ff. 222r° ss., è presentata alle p. 986b-988b. Essa è stata tradotta da V. Ryssel in *Georgs Gedichte und Briefe*. Una descrizione accurata se ne trova già in RYSSEL, *Ein Brief*, p. 300-305.

[18] Cfr WRIGHT, *Catalogue*, p. 986b-987a. L'appendice alla lettera cui nel testo rinviamo si legge al f. 237r° e v° del ms.

[19] VAN ROEY, *Dossier*, p. 186. Il prof. Van Roey è in procinto di pubblicare l'insieme dei testi relativi a questo dibattito ed all'attività letteraria di Probo e del suo compagno, l'archimandrita Giovanni Barbur, che ne furono occasione e protagonisti.

[20] Cfr. oggi PG 91, 264D-265C. Notizie sullo scritto di Massimo in cui ricorre, i Κεφάλαια περ' οὐσίας καὶ φύσεως, ὑποστάσεώς τε καὶ προσώπου, 260D-268A, e la sua composizione interna in SHERWOOD, *Date-List*, p. 30-31. A p. 31 si osserva: «The tenor of the first part — dello scritto — and its Leontian aspect suggest an earlier date (626-33).»

cinque questioni, ricorre sotto il titolo di Ἐπαπορήσεις ὀρθοδόξου πρὸς τοὺς μίαν πρεσβεύοντας ἐπὶ Χριστοῦ φύσιν nel florilegio teologico pubblicato da F. Diekamp, la Doctrina Patrum [21].

Sembra dunque si debba considerare Eulogio, patriarca melkita di Alessandria (581-607), quale autore dell'opuscolo [22]. La versione siriaca testimonia una forma dello scritto prossima a quella citata da Massimo : non solo presenta le medesime sette prime questioni, ma si accomuna a questa in almeno due altri luoghi caratterizzanti. Dapprima nell'omissione di quasi sei linee sulle complessive dieci che costituiscono, nella Doctrina, la terza dubitatio [23]. Poi nel giro di frase che introduce la quarta questione, anche se i τινες del testo greco divengono nel siriaco 'i santi Padri'. Alla settima questione il siriaco presenta una lezione che mi sembra migliore di quelle, diversamente corrotte, offerte dalle due recensioni greche.

Tentando un bilancio complessivo, è difficile, ad eccezione del testo di Foca/Eulogio, discutere su quale sia il luogo della originaria formulazione di queste 'questioni'. L'appartenenza a testi attribuiti, quando anche tale attribuzione significhi per noi qualcosa e possa in sè valere, non è criterio di minima garanzia. Talora poi siamo di fronte a domande così anonime che l'individuazione di un autore è compito imbarazzante.

III. Problemi di attribuzione e datazione

La maggior parte degli scritti qui editi si presenta anonima, ma tuttavia alcuni di loro sono espressamente riportati a singoli autori. In che direzione ci avviano queste indicazioni?

[21] Diekamp, *Doctrina Patrum*, p. 152-155. Nella *Einleitung*, p. xlvii-xlviii, Diekamp proponeva l'attribuzione ad Eulogio del testo sulla base della sua citazione in Massimo. Tale attribuzione è stata recentemente riconfermata da M. Richard nella *Introduction* a *Iohannis opera*, p. xviii, ove osserva che l'opuscolo è «le seul texte original d'Euloge d'Alexandrie qui n'ait pas été contesté ...». Nonostante questo la critica non ha utilizzato significativamente lo scritto ai fini di una ricostruzione del pensiero di Eulogio, preferendogli le notizie ricavabili dalla Biblioteca di Fozio o i frammenti altrimenti pervenutici : indice, credo, della sua scarsa originalità.

[22] Per una presentazione complessiva della figura di Eulogio si veda Maspero, *Histoire*, p. 258-275. 'Théologien peu original' e 'éclectique' lo definisce Moeller nella breve notizia che gli consacra in *Néo-chalcédonisme*, p. 691-693. Tuttavia «durch seine Verteidigung des Tomos Leonis «egli si è conquistato» bei seinen Zeitgenossen einen teilweise schon legendenumwobenen Namen», come osserva Helmer in *Neuchalkedonismus*, p. 236-241, qui p. 239.

[23] Notiamo che l'omissione non altera il senso del testo, anche se lo impoverisce recidendo uno sviluppo forse dei più interessanti sotto il profilo dell'approfondimento filosofico.

Prescindiamo dal testo di Eulogio, che trova una chiara collocazione fra Antiochia ed Alessandria nella seconda metà del VI° secolo.

Nessuno degli altri opuscoli mi sembra essere stato già in qualche modo segnalato, e gli stessi autori non sono particolarmente noti. Certo sia per Anastasio monaco sia per Leonzio monaco della regione della Palestina si possono avanzare suggestioni che però nessuna precisa prova, venga da notizie di storici o dalla tradizione manoscritta di opere loro o loro pur con incertezza riferite, può per ora avvalorare[24]. Vedremo tuttavia che il testo di Anastasio contiene qualche indizio che, se non chiarisce l'autore, permette pure un qualche orientamento, forse, circa il suo ambiente. Così, degli autori citati, solo due sembrano poter trovare efficace collocazione : Probo, metropolita di Calcedonia, e Giovanni l'archimandrita. Due, perchè il Giovanni cui rinvia la notizia finale apposta all'XI° opuscolo, acefalo per la caduta di uno o più fogli, mi pare possa identificarsi con quel medesimo Giovanni Barbur, archimandrita, cui si ascrivono probabilmente le strane poche linee del XV° scritto. Aiuta in questo non solo l'omonimia e l'identità tendenziale dell'ambito tematico o quegli altri indizi che si chiariranno e costituiscono un criterio di plausibilità esterna per l'attribuzione, ma ancora la menzione di «Pietro, quello che vi è guida» fatta all'inizio del frammento (f. 27r°). Questo Pietro, monofisita e responsabile degli avversari severiani cui ci si rivolge, potrebbe bene essere Pietro di Callinicia († 591), il cui ruolo nelle vicende di Probo e Giovanni Barbur ci è noto.

È sulla base di un frammento di quanto ci resta della Storia Ecclesiastica di Dionigi di Tell-Mahre[25], ripreso anche da Michele il Siro nella sua Cronaca[26], che conosciamo a grandi linee la storia

[24] Per Anastasio si deve tuttavia notare che la tradizione manoscritta greca conosce due raccolte di 15 aporie indirizzate ai monofisiti attribuite ad un Anastasio forse identificabile con il patriarca di Antiochia. Cfr Weiss, *Studia Anastasiana*, p. 113 s. Una di queste raccolte in particolare, quella conservata in un codice moscovita, è attribuita ad un Ἀναστασιος μόναχος. Weiss non descrive il testo perchè segnala di non averlo ricevuto; commenta solo : «Durch diese Lemmatisierung wird eine Verfasserschaft des Patriarchen Anastasius I. von Antiochen sehr unwahrscheinlich» (p. 113).

[25] Assemanus, *Bibliotheca*, p. 72-77, pubblicò parte del frammento con una traduzione latina. J.-B. Chabot lo ripubblicò nella sua interezza con una breve introduzione in : Brooks, *Historia ecclesiastica*, p. I-IV e 219-224.

[26] Chabot, *Chronique*, l. X, cap. XXI, t. IV, p. 379-382; v. II, p. 361-364. Un riassunto della vicenda anche in Chabot, *Chronicon*, p. 259. La traduzione di Abouna, *Chronicon*, p. 195, presenta qui una svista che si riflette nell'indice dei nomi curato da J.-M. Fiey. Dove il testo, cit. ll. 9-10, dice : « ܦܪܘܒܐ ܡܠܠܐ — ܘܝܘܚܢܢ

di questi uomini transfughi dalla loro fede. Essi, «uomini di scienza e 'versés dans la dialectique'»[27], recatisi ad Alessandria al seguito di Pietro di Callinicia, furono lì coinvolti in una discussione sollevata da un sofista, Stefano, sulla impossibilità di mantenere nel Cristo la diversità delle nature dopo l'unione senza mantenere le nature stesse. Avvicinatisi, forse, come suggerisce la fonte monofisita, per la delusione di non essere stati allora ordinati vescovi, al sofista con cui avevano polemizzato, Probo soprattutto si impegnò a diffonderne le tesi. Cacciato dall'Egitto, egli condusse in seguito un'attiva propaganda «in Oriente», finchè, scomunicato, non passò ai calcedonesi. Barbur, che pur dopo varie esitazioni si era schierato in suo favore e per questo era stato condannato da un Sinodo riunito a Gubba-Barrāyā, lo seguì. Fu dopo la morte di Pietro di Callinicia (591) che essi richiesero al patriarca melkita d'Antiochia Anastasio (559-570, 593-598) la convocazione di un incontro per discutere con i monaci monofisiti quegli stessi temi che, a partire dal dibattito con Stefano, avevano per loro evidentemente deciso, con l'intelligenza della fede, della fede stessa e del coinvolgimento attivo nella vita ecclesiale del tempo. Dionigi ci racconta che uscirono confusi da questa discussione, e allora Probo, recatosi a Costantinopoli, lì sarebbe successivamente divenuto vescovo di Calcedonia.

A. Van Roey[28], come più sopra richiamavamo, ha ricostituito quanto i mss. ci permettono di leggere di questi autori nella controversia di cui furono protagonisti. Evidentemente gli scritti del Sin. sir. 10 devono risalire ad un periodo posteriore al loro passaggio ai difisiti, collocabile fra il 584/85 e il 585/86[29]. Per Barbur si potrebbe precisare probabilmente anteriore alla morte di Pietro di Callinicia, se l'identificazione sopra proposta può essere condivisa.

Che il ms. serbi traccia di testi che risalgono a questo momento e ambiente, è suggerito anche da una citazione di Anastasio, patriarca di Antiochia, fatta in una sua ulteriore sezione. Al f. 158r° si inizia infatti una digressione dottrinale volta all'esposizione della «retta

ܒܪܒܘܪ», la traduzione dà: «L'éloquent Probus, Jean *et* Barbur». Un commento a queste notizie si trova in VAN ROEY, *Dossier*, p. 182-185.

[27] Cfr Dionigi di Tell-Mahre in: BROOKS, *Historia ecclesiastica*, p. 220, ll. 2-3. Rendo 'ܡܠܬܢܐ' secondo la traduzione dello Chabot del passo corrispondente incluso nella Cronaca di Michele, *Chronique*, II, p. 362.

[28] VAN ROEY, *Dossier*, p. 185 ss.

[29] Cfr VAN ROEY, *Dossier*, p. 184, n. 1.

fede, quella che ci — 158v° — diede Dio e ci hanno trasmesso i santi Apostoli e i Dottori ortodossi», che si chiude al f. 165v°[30]. Due testimoni sono citati, il Sinodo di Calcedonia (f. 161r°, due volte, e 162r°) ed appunto Anastasio (f. 160v°).

Ma ancora altri indizi di questa collocazione sono rintracciabili nei nostri stessi opuscoli. Ricordiamo innanzi tutto il parallelo stabilito tra la seconda questione di Anastasio e la questione di Probo nell'appendice alla lettera di Giorgio, vescovo degli Arabi. Ancora, la prima, la quarta e la nona (con il suo testo parallelo) delle stesse questioni di Anastasio utilizzano un'espressione di non facile traduzione. Parlando della diversità delle nature, si osserva che i monofisiti la mantengono anche «dopo il sottintendimento dell'unione (ܒܬܪ ܣܘܟܠܐ ܕܚܝܕܝܘܬܐ)». Vi sono altri testi, non numerosi, in cui questo concetto ricorre, e sono quelli prima ricordati in cui si cita la testi del sofista alessandrino Stefano. Riprendo la traduzione di questa tesi proposta da J.-B. Chabot per il testo siriaco della Cronaca di Michele, qui in nulla diverso da quello della Storia di Dionigi come ci è restituita dal Vat. Syr. 144: «Nous ne devons pas dire que la distinction de la signification naturelle des (natures) dont est (constitué) le Christ est conservée, après le concept de l'union»[31].

Ad Antiochia, di fronte al patriarca Anastasio i monaci monofisiti difenderanno di fatto la loro fede contro Probo e Barbur (e quindi indirettamente contro le tesi di Stefano) riconfermando doversi «professare che la diversità nella 'signification naturelle' di quelle (nature)

[30] Di fatto questo brano sembra costituire la seconda parte di uno scritto che inizia al f. 151v° così: «Vogliamo (parlare) di quelli che frequentano gli eretici al di fuori delle leggi divine ...». Segue un testo concluso al f. 158r° con la ripresa «Vogliamo ora parlare ...» che introduce la successiva parte dottrinale, testo ricco di riferimenti soprattutto evangelici e paolini, ma anche patristici (sono citati: al f. 152v° Basilio — due volte, Giovanni Crisostomo e Cirillo; al f. 154r° Efrem, due volte).

[31] CHABOT, *Chronique*, II, p. 361. Come si vede lo Chabot traduce 'ܣܘܟܠܐ ܕܚܝܕܝܘܬܐ' con 'le concept de l'union'. Già ASSEMANUS, *Bibliotheca*, p. 72, rendeva l'espressione con 'post rationem unitionis'. Di recente, due ulteriori traduzioni sono state proposte: ABRAMOWSKI, *Dionysius*, p. 138, traduce: 'nach der Feststellung der Einheit'; VAN ROEY, *Dossier*, p. 183, 'na de beschouwing van de vereniging'. Qui riprendo invece la versione suggerita da PAYNE SMITH, *Thesaurus*, col. 1395, '*post supputationem unitatis*, postquam unitas exstare putatur'. Credo si voglia con questa espressione sottolineare non solo il fatto dell'unione, ma, con la sua acquisizione a livello intellettuale, il suo statuto logico essenziale. Cfr i passi citati più oltre nel testo.

da cui (è) Cristo è mantenuta dopo il sottintendimento dell'unione senza che si dia con ciò una dualità di nature o ipostasi»[32]. E a sottolineare il valore caratterizzante di questa precisa espressione, si può richiamare un ulteriore scritto, edito, che insiste sullo stesso tema. Si tratta del *Tractatus de differentia, numero ac divisione* pubblicato da A. Sanda[33]. L'autore di questo lavoro dovrebbe, secondo Sanda, essere «discipulus quidam Philoponi» che lo avrebbe composto dopo la morte del maestro «contra rigidiores quosdam monophysitas»[34] quindi individuati nel gruppo che gravitava intorno alla persona del sofista Stefano[35].

Quel che spiega la nostra espressione è il fatto che questa setta riconosceva sì che *nell'unione* e la diversità e la divisione e il numero delle nature erano mantenuti, ma non *dopo* l'unione[36]. Con più forza: «Non enim idem est dicere 'in unione' et 'post unionem', neque iuxta oppositionem distinctionis mere temporalis 'post unionem' dicimus, sed (logice) 'post cogitationem unionis' (t.: ܡܢ ܒܬܪ ܡܣܬܟܠܢܘܬܐ ܕܚܕܝܘܬܐ). Haec igitur distinctio — commenta l'autore del trattato — pro fundamento quodam in tota inquisitione assumitur»[37].

Non è questa la sede adatta per tentare una ricostruzione di questo episodio del dibattito teologico che certo appassionò e com-

[32] Si tratta della dichiarazione che introduce il *Libellus septimus datus asseclis Probi a monachis qui contra eum (erant)*, Br. M. 857 (Add.12.155), f. 136r°a e 859 (Add.14.533) f. 107r°b. Per indicazioni relative al *Libellus* e ai due testimoni che ce lo trasmettono cfr, oltre che WRIGHT, *Catalogue*, nell'ordine p. 943a e 970a, VAN ROEY, *Dossier*, p. 187.

[33] SANDA, *Philoponi*, t. p. 95-122; v. p. 140-171.

[34] SANDA, *Philoponi*, p. 7. VAN ROEY, *Dossier*, p. 187, in un inciso avanza l'ipotesi che questo scritto si possa identificare con un *Liber de differentia* di Probo di cui abbiamo menzione.

[35] SANDA, *Philoponi*, p. 181. È interessante notare che una copia di questo *Tractatus*, per di più parzialmente ripetuta nel corpo dello stesso ms., si trova fra le opere del Filopono nel Vat. Syr. 144, lo stesso che ci conserva il frammento della Storia ecclesiastica di Dionigi concernente Probo e Giovanni Barbur: cfr oltre alle indicazioni di Sanda sui mss. posti a base della sua edizione, *Philoponi*, p. 3, le note di J.-B. Chabot in: BROOKS, *Historia ecclesiastica*, p. III. Di questo gruppo monofisita radicale abbiamo notizia anche da una doppia nota del *De receptione haereticorum* di Timoteo, presbitero di Costantinopoli. Questi, fra le sette degli acefali, menziona anche i 'niobiti', PG 86A, 44A, che più oltre — 56B — spiega così chiamati da Stefano 'cognomento Niobi'. Essi appunto «τὴν διαφορὰν (delle nature) μετὰ τὴν ἕνωσιν ἀναιροῦσιν» (44A).

[36] SANDA, *Philoponi*, § 3, t. p. 97; v. p. 142.

[37] SANDA, *Philoponi*, § 20, t. p. 109; v. p. 156-157.

promise diversi autori della seconda metà del VI° sec.[38]. Volevamo solo suggerire l'ambito di possibile provenienza di una parte almeno, e neppure la maggiore, del materiale teologico riunito in questo ms. Si tratterebbe dunque di un ambiente calcedonese legato alle vicende che interessarono Antiochia e il suo retroterra alla fine del 500, già esse ripercussione di una precedente discussione monofisita alessandrina.

IV. Note ad un florilegio antimonofisita

Prima di chiudere queste note vorrei richiamare l'attenzione su un ulteriore passaggio di questi testi. Si tratta del breve florilegio antimonofisita inserito nel XIV° opuscolo (f. 33r° e v°). Credo si debbano infatti segnalare due citazioni inusuali in esso racchiuse.

S. Efrem, intanto. Non certo ignoto alle più ampie, già edite collezioni greche, Efrem è tuttavia qui citato originalmente da uno dei suoi Sermones rogationum, il ventesimo[39].

Più complessa è invece la storia di un'altra auctoritas qui riportata. Il passo dell'*Adversus Eunomium* di Basilio riprodotto è di fatto un luogo origeniano, o almeno è attestato dalla versione latina del *De principiis* di Origene. M. Richard in una sua nota ha ripercorso il cammino di questa citazione[40]. L'operazione di distacco di tutto o parte del sesto capitolo del secondo libro dello scritto origeniano si sarebbe operata in Occidente, a partire dalla versione di Rufino, prima del 458, anno in cui il testo appare come basiliano nel dossier che accompagnava la lettera indirizzata da papa Leone al suo omonimo, l'imperatore Leone[41]. Le successive utilizzazioni in ambito orientale da parte di Leonzio di Gerusalemme ed Efrem d'Amid dipenderanno dalla traduzione greca di quel dossier, pur in una indipendente individuazione dell'opera basiliana in questione, per loro ormai, come per il nostro compilatore, l'*Adversus Eunomium*.

[38] Un'eco ne resta anche in successivi lavori polemici siriaci di parte melkita: cfr Van Roey, *Trois auteurs*.

[39] Come precisato dalla nota a p. 28, nell'edizione di T. J. Lamy questo *Sermo* risulta essere il secondo. Si deve tuttavia osservare che lo stesso è indicato come decimo in un altro ms., il Br.M.Add.17.146, f. 15 olim 13r°. Cfr Lamy, *Sancti Ephraem Syri Hymni et Sermones*, IV, p. 406, n. 1.

[40] Richard, *Testimonia*.

[41] È la lettera del 17 agosto 458, già epist. 165, ora 104 in ACO, II, 4, p. 113-131. Cfr Richard, *Testimonia*, p. 795, n. 1.

Per rendere più agevole la lettura e l'eventuale uso delle questioni, si è introdotta una numerazione progressiva di queste all'interno dei singoli opuscoli, numerazione che non sempre appare nel siriaco.

In corsivo nel testo sono poste le principali 'parole greche' del siriaco, mentre intervento del traduttore è quanto ricorre tra parentesi tonda, normalmente esplicitazione di soggetti o predicati che valgono a garantire una più scorrevole lettura del testo. Solo le parentesi quadre individuano gli interventi operati sul testo siriaco, congetture che suppliscono a minime evidenti carenze del ms.

Le note alle citazioni patristiche portano spesso una doppia indicazione. La prima è sempre da intendersi riferita all'edizione dello scritto interessato riprodotta nella *Patrologia* del Migne, mentre la seconda rinvia ad una successiva edizione critica.

Desidero da ultimo rivolgere una parola di ringraziamento al P. Prof. A. de Halleux dell'Università cattolica di Lovanio per l'incoraggiamento ed il consiglio prestatimi nella attuazione di questo lavoro che dipende da una sua indicazione; al Prof. R. Draguet, editore del CSCO, per l'acribia con la quale ha esaminato ed annotato il testo redatto; al Prof. G. Alberigo, segretario dell'Istituto per le Scienze Religiose di Bologna, che mi ha indirizzato agli studi di orientalistica.

Paolo Bettiolo

I

[Questioni contro i nestoriani.]

1 … * o due unigeniti o introduce un nuovo Dio. * p. 1

E poi, prendendo tu la parola in favore di Teodoro e Diodoro e Nestorio, indaghiamo a partire dalle divine Scritture e dai pensieri che coeriscono alla verità se è possibile che la loro dottrina stia salda senza che (ne) sia offesa la fede dei *cristiani.*

Ancora in altro modo.

2 [1]Ogni ipostasi è particolare o no? E se dice di no, domandagli: come? E se dice: come l'uomo, domandagli: ogni ipostasi ha designazione? E se dice di sì, quale è la designazione della sua anima? E se dirà: anima, digli: come la designazione del corpo è (designazione) della natura, così anche (la designazione) dell'anima è (designazione) della natura. E subito domanda: quello che professa quattro ipostasi e le adora è *cristiano* o no? E se dice di no, domanda: professi essere il Cristo nelle ipostasi, sì o no? E se dice di sì, domanda: Cristo è Dio o uomo? E se dice: uomo, ecco! quattro sono per lui le ipostasi — infatti l'uomo non è senza ipostasi.

3 [2]E ancora domanda così: cos'è Cristo, Dio o uomo? E se è Dio, anche il Padre è Cristo.

4 [3]E ancora: cos'è Cristo? Se dice: Dio incarnato ed inumanato, carne animata da un'anima razionale ed intellettuale e (che) è intelligente — «il Verbo — infatti — si fece carne ed abitò fra noi»[4] e «da loro Cristo secondo la carne, che è Dio su tutto»[5] —, si è stabilito quel che si cerca.

II

* Ancora: questioni contro i giulianisti. * p. 2

1 Se il corpo di Dio è Dio, e Dio non ebbe inizio e non ha fine, ed è, questa, proprietà della sola Trinità, (e) il corpo la acquisì naturalmente, allora la Trinità è ormai Quaternità.

[1] Cfr XXIII, 1.
[2] Cfr XXIII, 2.
[3] Cfr XXIII, 3.
[4] *Gv* 1, *14*.
[5] *Rm* 9, *5*.

2 Dio Verbo, sono fatti da Lui con il Padre e lo Spirito Santo il cielo e la terra, sì o no? E se dice di sì, domanda così: il corpo del Verbo, che è Dio come dici, sono fatti da lui con il Padre e lo Spirito Santo il cielo e la terra, sì o no? E se dice di no, concludi: allora certo perisce, perchè è scritto che «Dei che non fecero il cielo e la terra periranno dalla terra e di sotto questo cielo»[1].

Se dice che sono fatti da lui cielo e terra, è empietà, perchè Maria, da cui fu assunto, fu alla fine dei tempi e non è eterna.

3 [2]Il Padre ed il Figlio sono una natura, sì o no? E se dice di sì, domanda così: il Verbo e la sua carne sono una natura, sì o no? E se dice di sì, concludi così: allora e il Padre e il Verbo e la carne del Verbo sono una natura, questo che è empietà, fare il Padre e la carne del Verbo una natura.

4 Il Verbo di Dio e suo Padre sono un Dio nell'*ousia*, sì o no? E se dice di sì, domanda così: Dio Verbo e la sua carne sono un Dio nell'*ousia*, sì o no? E se dice di no, concludi così: quello che non è Dio nell'*ousia* è nuovo e neppure è Dio, e gli basta professare un nuovo Dio.

* p. 3 **5** Dio Verbo si unì ad una carne animata, quella * che assunse dalla vergine Maria, sì o no? E se dice di sì, domanda così: questa carne dopo l'unione restò carne anche se divenne (la carne) di Dio Verbo, come disse S. Cirillo[3], o da quando (avvenne) l'unione la riconosci (come) Dio e non più (come) carne? E se dice che da quando (avvenne) l'unione la riconosce (come) Dio e non più (come) carne, concludi così: allora poichè Cristo soffrì dopo l'unione, non soffrì nella carne, come disse l'apostolo[4], ma Cristo (soffrì) in Dio secondo il tuo discorso, perchè tu dopo l'unione non conosci la carne ma Dio.

6 Proponigli la professione nell'una natura eterna della santa Trinità senza addizione e senza sottrazione e che colui che aggiunge e sottrae non è *cristiano*, e domanda così: Dio Padre e la carne del Verbo, quante nature sono? E non lo lascerai finchè non ti risponda. E se dice: due, ecco! gli ha aggiunto la natura che non è eterna. E se il Padre e la carne del Verbo sono una natura, ecco! la grande bestemmia, che fa della carne e del Padre una natura, (cosa) che

[1] *Ger* 10, *11*.
[2] Cfr VII, 7; X, 11; XII, 15.
[3] Cfr Cirillo, *I° ad Succensum*, 232D = 153, 18s.
[4] Cfr *1 Ptr*. 4, *1*.

nessuno dei Padri disse, e neppure Giuliano d'Alicarnasso bestemmiò così. E se bestemmiò, mostrino dove questo è da lui detto.

Ancora sul tema :

7 Dio Verbo è Dio come il Padre e lo Spirito Santo nella natura e nell'*ousia*, sì o no? E se dice di sì, domanda così : il corpo del Verbo che, come dici, è Dio, è Dio nella natura e nell'*ousia* secondo il concetto o nell'unione? E sia che risponda che è Dio nella natura e nell'*ousia*, sia che (risponda che è Dio) nell'unione, ha contato quattro (Dei).

8 * Dio Verbo è generato dal Padre eternamente, sì o no? E se dice * p. 4 di sì, domanda così : il corpo del Verbo che, come dici, è Dio, è come il Verbo eternamente generato dal Padre, sì o no? E se dice di no, ecco! (sono) due, uno che è generato dal Padre eternamente, ed uno che non è generato. Ma se dice che è generato eternamente, così sono quattro, e fa la carne uguale-in-*ousia* al Padre!

9 Dio Verbo è naturalmente ed eternamente in suo Padre, sì o no? E se dice di sì, domanda così : il corpo del Verbo che, come dici, è Dio, è naturalmente ed eternamente nel Padre, sì o no? E se dice di no, ecco! (sono) due, uno finito che non è in Dio Padre ed il Verbo che è naturalmente nel Padre. Ma se (lo) afferma, dica che la carne è naturalmente ed eternamente nel Padre e dica che la carne è generazione del Padre.

III

Ancora : questione dell'*eretico* : Dio Verbo è generato dalla Vergine naturalmente o secondo la grazia?

Risposta dell'*ortodosso* : naturalmente come uomo, secondo la grazia come Dio.

IV

Ancora : (questioni) contro i nestoriani.

1 L'ecclesiastico domanda : cos'è questo uno *prosopon* e Figlio e Signore di cui parli, natura o ipostasi o accidente o solo nome e voce?

E se dice : * natura, ecco! è divenuto severiano. * p. 5

E se dice : ipostasi, ecco! ecclesiastico.

E se: accidente, ecco! una stupidaggine, perchè rende il Padre genitore di un accidente.

E se: nome e voce, allora ne parli in *phantasia* come i manichei.

2 Il divino Paolo ha detto che «Dio si riconciliò con noi tramite la morte del suo Figlio»[1]; e ancora: «quello che non risparmiò suo Figlio»[2]; e ancora: «parlò con noi tramite suo Figlio»[3]. Se dunque dici due ipostasi, questa ipostasi quale di loro è, la divina o l'umana?

3 E ancora: quando professi in Cristo due nature ed ipostasi e definisci queste due una filiazione, dimmi: quest'una filiazione che professi (essere) le due ipostasi, dici che è naturale per le due ipostasi o per una solo o per nessuna di loro? E se (vale) la prima (ipotesi), ecco! lodi due Figli e Cristi e, quindi, una Quaternità.

4 Se definisci Cristo due nature ed ipostasi, dimmi: la professione della santa Chiesa è definita dalle tre ipostasi, sì o no? E se da tre, escludi dall'adorazione della Chiesa o una di quelle ipostasi che sono nel Cristo, o il Padre o il Figlio o, ancora, lo Spirito Santo. E se non rifiuti l'adorazione ad una di queste ipostasi che sono nel Cristo, come sei *cristiano* quando non professi quello che fu generato e soffrì e fu crocefisso per te? Se invece non professi tre ipostasi, come non saresti divenuto pagano quando adori una Quaternità, vale a dire la creatura?

5 E ancora: quando professi Cristo due nature ed ipostasi ma una filiazione, dimmi: questa una filiazione è generata o ingenerata? * p. 6 E se * è ingenerata, dica: da chi (lo) è, dal Padre o da Maria? E se dal Padre, ecco! è un semplice uomo come Paolo. E se da Maria, rinnega la nostra salvezza, se non si vuole supporre che Dio abbia sofferto umanamente, il che è impossibile. E se nè dal Padre nè da Maria, ecco! (c'è) un altro Essere con (quello di) Dio. Per ogni ipostasi c'è infatti una filiazione, e se per ogni ipostasi (c'è) una filiazione, ecco! due Figli.

V

Ancora: sette questioni di Foca[1].

[1] *Rm* 5, *10*.
[2] *Rm* 8, *32*.
[3] *Ebr* 1, *2*.
[1] Cfr PG 91, 264D-265C; Diekamp, *Doctrina Patrum*, p. 152-154.

Prima questione. Se nostro Signore Gesù Cristo dopo l'unione è una natura, dì quale è : (la natura) di quello che assunse o di quello che fu assunto? E cosa (ne) fu di quell'altra?

Se poi sono due, come una, se non che da due (ne) è stata compiuta una composta? Se poi è così, come Cristo non è estraneo-in-*ousia* al Padre, dato che (questi) è non-composto?

2 Se mai si professa essere due nature nostro Signore Gesù Cristo, come è possibile dire uno il Cristo dopo l'unione o dire affatto unione?

Se si professa essere stato due nature Cristo, dì quando Cristo era due nature e quando divenne una natura.

3 Dio Verbo è uguale-in-*ousia* o estraneo-in-*ousia* alla carne che fu da lui assunta?

Ma se uguale-in-*ousia*, come la Trinità non divenne Quaternità? Se invece la carne * è estranea-in-*ousia* a Dio Verbo, come Cristo * p. 7 non è due nature?

4 I Padri dicono una natura incarnata di Dio Verbo. Penso che anche voi diciate così. Ma se compresero questo come se fosse una l'*ousia* di Dio Verbo e della carne, com'è possibile che l'increato divenga creato e che l'eterno e quello soggetto al tempo divengano il medesimo nell'*ousia*?

Ma se (è) come una natura che (ne) tiene un'altra o che è tenuta da un'altra, chi consentirà di dire che uno ed uno non (fanno) due ma uno?

5 Se una è la natura di Dio Verbo e della carne, e una la natura di Dio Verbo e del Padre, come non sarebbe una la natura del Padre e del Verbo e della carne?

6 Se Dio Verbo e la carne non sono per nulla due, come non sono, Dio Verbo e la carne, uno in tutto? E se Dio Verbo e la carne sono uno in tutto, come non (sarebbe) il Verbo carne e la carne Verbo ed eterna e uguale-in-*ousia* a Dio Padre come anche lo è Dio Verbo?

Se poi Dio Verbo e la carne non sono uno in tutto, come non sono, due, un qualcosa-di-unico Dio Verbo e la sua carne?

7 Se non è possibile che Dio Verbo e la carne siano più uniti, ancor più di quanto (non) siano uniti Dio Verbo ed il Padre, com' (è che) Dio Verbo ed il Padre, uniti, siano pure in qualcosa due, mentre Dio Verbo e la carne, uniti, non siano per nulla due?

Fine.

VII

* p. 8 * Ancora: questioni di Mār Probo, *metropolita* di Calcedonia, contro i giacobiti.

1 Nella natura in cui il Padre ed il Figlio sono uno, nella stessa, ancora, il Verbo ed il corpo sono uno, o in una natura il Padre ed il Figlio sono uno ed in un'altra natura il Figlio [ed il corpo] (sono) uno?

Se dunque nella stessa, come non è una la natura del Padre e del Verbo e del corpo? Se invece in nature diverse, come le nature del Padre e del Verbo e del corpo non sono due?

2 Se dono due nature in diversità-di-*ousia* (quelle) del Padre di Cristo e di sua madre Maria, dicci se conosci (nel) Cristo un'altra natura oltre le due diverse-in-*ousia* del Padre di Cristo e di sua madre Maria. Se (la) conosci, è chiaro che (egli) non è connaturale nè a suo Padre nè a sua madre; se invece [non] (la) conosci, come Cristo non è due nature, nella diversità-di-*ousia* della sua divinità e della sua umanità, (così) come anche (lo) sono il Padre e la madre di Cristo?

3 Professi l'una natura di Dio Verbo incorporata o no?

4 [1] L'incorporazione di Dio Verbo è *ousia* o accidente — fra questi non c'è nulla —? E se accidente, questo non è possibile. Se invece (è) *ousia*, domandiamo: l'incorporazione del Verbo ed il Padre del Verbo sono uno o due?

* p. 9 **5** La natura di Dio Verbo è semplice come * (quella) di suo Padre o composta? E se (è) composta, allora Cristo non è Dio; ma se (è) Dio, allora è semplice.

6 La Trinità è una natura o due? E ancora: Cristo (è) una natura o due? E ancora: Cristo e la Trinità sono una natura o due?

E se una, allora la Trinità (è) Cristo e Cristo (è) la Trinità; ma se due, queste due nature sono in Cristo o nella Trinità?

7 [2] Il Padre ed il Verbo sono una natura o no? E se dicono (di) sì, domanda così: il Verbo e la sua carne sono una natura o no? E se dice (di) sì, concludi così: allora e il Padre e il Figlio e la carne del Verbo sono una natura, e quale empietà v'è che superi questa, che il Padre e la carne del Verbo siano una natura?

[1] Cfr X, 8; XII, 12.
[2] Cfr II, 3; X, 11; XII, 15.

8 [3]Diteci poi: l'unione è confermatrice o abolitrice delle nature che si sono unite in nostro Signore?

Se dicono che l'unione è abolitrice delle nature, cade perchè, ecco! abolisce la divinità e l'umanità di nostro Signore, e succede che non tiene alcunchè. Ma se, ancora, dirà che l'unione è confermatrice delle nature, ci dica: è confermatrice o abolitrice del (loro) numero?

Se dirà che l'unione è abolitrice del numero, domanderemo: di cosa abolisce il numero? Se dice: delle nature, di nuovo domanderemo: com'è possibile che i numeri delle nature siano aboliti e le nature non siano abolite? Se le nature sono confermate, anche il loro numero è confermato. Com'è possibile infatti che, confermate le nature, il loro numero sparisca? Se infatti abolirono il numero, abolirono anche le nature con il loro numero che sparì. Ci mostrino, se possono, quale dei santi Padri disse queste cose.

9 [4]Diteci: questa una natura che dite (essere) nostro Signore dopo l'unione, è uguale al Padre nell'*ousia*, * sì o no? Se dicono di sì, cadono perchè uguagliano la carne al Padre nella natura. Se invece diranno di no, cadono perchè a causa della carne privano il Verbo della uguaglianza-in-*ousia* col Padre. * p. 10

E se ancora, quando siano stati messi-alle-strette da queste (considerazioni), domanderemo: diteci in quale natura (nostro Signore) è uguale al Padre ed in quale agli uomini, se dicono: al Padre in quella divina e a noi in quella umana, hanno professato le due nature dopo l'unione.

10 [5]Ancora: questa una natura che professate è quella di prima dell'unione o un'altra?

Se diranno di sì, cadono: allora non sarebbe quella 'da due'. La natura di prima dell'unione non era infatti 'da due'.

E se diranno di no, allora è chiaro che formate una nuova natura a partire dall'unione.

11 [6]Ancora diteci: la natura di prima dell'unione resta in lui dopo l'unione, sì o no? E se hanno detto di no, allora la hanno perduta; ma se hanno detto di sì, digli: anche questa natura 'da due' che è dopo l'unione è in lui o no? Se diranno di no, come allora la professano quando non è? Ma se diranno di sì, allora anche loro professano

[3] Cfr XII, 2.
[4] Cfr XII, 6.
[5] Cfr XII, 8.
[6] Cfr XII, 9.

due nature, cioè la natura di prima dell'unione e quella di dopo l'unione.

12 [7] Ancora : in questa una natura incarnata di Dio Verbo, c'è in essa unione, sì o no? Se dicono di no, smarriscono l'unione del Cristo, ma se dicono di sì, ci dicano : l'unione (è unione) di una natura o di due? Se diranno : di una, cadono. S. Cirillo disse infatti che non esiste unione di una natura [8]. Ma se affermeranno : è (unione) di due, assegnate la vittoria lì dov'è.

13 [9] Ancora : qualunque natura sia, ha definizione distinta e pro-
* p. 11 prietà * unica.

Se professi Cristo una natura, quale ne è la definizione e quale ne è la proprietà?

14 Ancora : Cristo in quel che era soffrì o in quel che è divenuto? Se risponde : in quel che è divenuto, in quel che è divenuto (soffrì) quello che era o, nell'unione a quello che era, quello che non era? E se quello che era divenne o fu creato, bestemmia! E se quello che non era divenne nell'unione a quello che era, quello che era è divenuto una qualche natura o un accidente o un che di mezzo? E se un accidente, bestemmia! E se un che di mezzo, dicano cos'è. E se una natura, non negare ma sta alla tua parola : naturali infatti professi le sofferenze, e se soffrì in questa natura e questa sofferenza (è) dopo l'unione, dopo l'unione Cristo è due nature. La natura umana è infatti carne animata e razionale e intelligente.

15 Cristo, il figlio di Dio, è Dio nella natura e nell'ipostasi ed è uomo nella natura e nell'ipostasi, sì o no?

E se dice di sì, ecco! due sono, e due [nature] e due ipostasi senza contesa. Ma se dice di no, digli : quale di loro è senza natura e senza ipostasi? Se poi, mantenuti i due nelle loro nature e nelle loro ipostasi, si costituì a-partire-da loro una natura ed una ipostasi, ci dicano : questa una natura ed una ipostasi ha dei connaturali o no? E se ce (ne) sono, mostrino qual'è un'altra ipostasi costituita dalla divinità e dall'umanità. E se non ce (ne) sono, questa (è) allora unica nella sua specie, e non è connaturale a Dio e neppure nostra.

[7] Cfr XII, 10.
[8] Cfr Cirillo, *ad Eulogium*, 225D = 36, 7s.
[9] Cfr VII, 16; XII, 16.

16 [10] * Qualunque natura sia, ha definizione distinta e proprietà * p. 12 unica.

Se professi Cristo una natura, quale ne è la definizione e quale ne è la proprietà?

17 [11] La carne, come la affermi essere nell'ipostasi del Verbo? Come natura nella natura o natura nell'ipostasi o come ipostasi nella natura o come ipostasi nell'ipostasi o come accidente nella natura?

18 Ancora poi vi domandiamo : diteci, questa una natura composta che professate (essere) il Cristo, ha proprietà naturali che distinguono la sua unità da quelle di cui è composta, sì o no? E se non (ne) ha, neppure questa è. Se invece (ne) ha, dì quali sono : increata ed infinita e invisibile con quel che segue, o creata e finita e visibile?

Se risponderanno : increata e infinita e invisibile, queste sono le proprietà naturali che indicano la natura divina. E se, ancora, direte che (è) creata e finita e visibile, anche queste, ancora, sono proprietà naturali che indicano la natura umana. Se direte, ancora, che (e) queste e quelle sono proprietà di quest'una natura composta che è da voi professata, (ed) ogni proprietà naturale è poi indicativa di quella natura di cui è predicata, come dite che possono essere una natura, essendoci due proprietà naturali di due nature diverse-in-*ousia*? Se poi non (sono proprietà) di una (natura), (lo sono) di due assolutamente, poichè sono proprietà naturali della divinità e della umanità, ed anche voi professate due nature pur non volendo(lo).

19 Dio Verbo è connaturale alla carne che fu da lui assunta o è un'altra natura? Se (le) è connaturale, * come la Trinità non divenne * p. 13 una Quaternità? Se invece la carne di Dio Verbo è un'altra natura, come Cristo non è due nature?

20 Se una è la natura composta di Cristo, (ed egli) è connaturale al Padre nella natura, e non (è) due nature Cristo, (allora) la Trinità è composta. Se invece (egli) è connaturale al Padre nella natura semplice e nostro connaturale nell'altra natura, ed (è) Cristo una natura composta, perchè quando professi (essere) Cristo tre nature, rifiuti di professarlo due nature, ma una ipostasi?

21 Se, dato che l'ipostasi di Cristo è un'ipostasi composta, la sua una natura è anche composta, ormai chiedi Ario (per) maestro. Se poi pur essendo una la sua natura composta lo professi connaturale

[10] Cfr VII, 13; XII, 16.

[11] Cfr XVI, 1.

al Padre nella natura, e non osi professarlo connaturale al Padre nella natura composta, ma nella semplice, e connaturale a noi non nella semplice, e connaturale al Padre non nella nostra natura, Cristo è due nature, tacendo io quel che è da te concluso.

22 [12] Cristo è conosciuto dopo l'unione in queste (nature), in queste da cui è, sì o no?

23 Queste due nature che giunsero ad unione sono *caratteristiche*, sì o no?

24 [13] Dite che la diversità delle nature è mantenuta in Cristo dopo l'unione, o mantenete la diversità delle nature senza le nature?

25 Cristo e gli uomini sono uguali in una natura o in due?

26 Questa natura che dite in Cristo dopo l'unione, è creata o increata?

* p. 14 **27** [14] * Sono queste due nature che si unirono l'una natura incarnata del Verbo, sì o no?

28 [15] Professi in Cristo dopo l'unione l'*ousia* del Padre e l'*ousia* della madre, sì o no?

29 [16] Il Padre ed il Figlio e lo Spirito Santo (sono) una natura in questa natura 'da due' o in un'altra?

30 [17] Dio soffrì e morì nella sua-propria natura o nella nostra natura?

31 [18] Questa una natura 'da due' e quella del Padre sono una (natura), sì o no?

32 [19] Il Padre ed il Figlio sono uno nella natura semplice o nella natura composta?

33 [20] Questa natura 'da due' che dite è finita o infinita

34 Chiariteci ancora e spiegateci : questa una natura che professate (essere) Cristo, per voi è una natura nell'unione o nell'uguaglianza-di-*ousia*? E se nell'unione una natura, due nella diversità-di-*ousia*, siete trovati professare tre nature, due nella diversità-di-*ousia* ed una nell'unione.

[12] Cfr XIII, 1.
[13] Cfr XIII, 2.
[14] Cfr XIII, 3.
[15] Cfr XIII, 4.
[16] Cfr XIII, 5.
[17] Cfr XIII, 6.
[18] Cfr XIII, 7.
[19] Cfr XIII, 8.
[20] Cfr XIII, 14.

35 Forniteci una spiegazione, se possibile, e diteci: questa una natura che dite (essere) Cristo, quante ipostasi comprende? E se una, (e) dite una assolutamente, cioè quella di Cristo, siete trovati confessare due nature e quattro ipostasi: una natura ed una ipostasi di Cristo ed una natura che comprende le tre ipostasi della Trinità.

VIII

* Ancora: altre questioni dei severiani e loro confutazione (fatta) dagli ecclesiastici. * p. 15

1 Il S(everiano) domanda: Queste due nature che professi in Cristo furono ipostatizzate e naturate nell'unione in modo doppio o singolo, o in modo doppio furono naturate e in modo singolo furono ipostatizzate? Ma se furono naturate in un modo doppio, non si unirono, e sono due ad essere naturate ed ipostatizzate nei secoli dei secoli.

O(rtodosso). Questi nuovi *filosofi* vollero fissare inizio ed ipostatizzazione e naturazione a quello che è senza inizio e da prima dei secoli nell'unione del Verbo con il corpo tramite questa loro stupida domanda. Noi (ora) diciamo che se furono naturate, prima che fossero naturate non erano — quello infatti che è naturato, prima di essere naturato non era: e quale stupidità c'è che superi questa, che uno dica di Dio che prima che fosse naturato nell'unione non era? Dunque nè in modo doppio nè in modo singolo quello che (è) da prima dei secoli ebbe nell'unione inizio ed ipostatizzazione e naturazione. Questo è per noi oggetto-di-professione-di-fede, che due sono le nature che vengono mantenute nell'unione senza mutamento e senza transformazione e senza divisione, come hanno tramandato a noi i santi Padri.

2 S. Queste due nature che professi in Cristo dopo l'unione sono la divinità e l'umanità o il Dio e l'uomo o qualcos'altro? E se sono il Dio e l'uomo, non vergognarti di professare apertamente quel che di nascosto fu figurato dal tuo pensiero, cioè le due * ipostasi e i * p. 16 due *prosopa* e i due Figli, quello di Dio e l'uomo.

O. Oh! quanta ignoranza! Perchè se vi diciamo la divinità e l'umanità, subito irridete, come quello che ha preso all'amo qualcosa, e dite: allora tutta intera la divinità e tutta intera l'umanità. E se ancora diciamo il Dio e l'uomo, similmente (ci) *accusate* (di professare Cristo) due ipostasi e due Figli e due *prosopa*: e quale incultura e follia che superi questa, che uno dica che il nome di Dio è indicativo dell'ipostasi particolare e non della natura, vale a dire dell'*ousia*? E se, secondo la tua parola, il nome di Dio (fosse) indicativo dell'ipostasi e non (lo) fosse dell'*ousia*, (ci sarebbero) per voi quattro Dei, tre particolari che, secondo la vostra parola, sarebbero indicativi delle ipostasi, ed uno generale che sarebbe la divinità. E per quanto concerne la natura umana, ancora tutto quel che volete, dato che avete posto sotto critica ed *accusa* questi due vocaboli.

Dite ora a noi che vi interroghiamo: quali sono se non queste le due nature da cui professate (essere) Cristo? Se (ne) avete altre fuori da queste che *accusaste*, sono estranee, e diteci quali sono. Se invece sono queste che *accusaste*, come non siete incorsi voi (stessi), e del tutto, nella vostra propria *accusa*? Se siete *cristiani*, dovete professare l'una delle due: se c'è diversità per voi fra questi vocaboli, direte l'unione (realizzata) o dalla divinità e dalla umanità o dal Dio
* p. 17 e dall'uomo. E se dalla divinità e dall'umanità, * secondo l'*accusa*, quella che è stata da voi avanzata, dalle tre ipostasi della Trinità e dal numero senza fine dell'umanità. Se poi ancora dal Dio e dall'uomo, secondo questa vostra stupida domanda professate Cristo (essere composto) di due ipostasi e di due *prosopa* e di due Figli.

3 S. Se nella *theoria* dite due nature, (le) dite distinte, che sono e sono conosciute separamente. Se, ancora, una è l'ipostasi conosciuta tramite la *theoria* nelle due nature, è immaginata in una *phantasia* e finzione del pensiero e non in verità.

O. In due parti — dice — (si divide) l'*accusa*, cioè nel fatto che noi si conosca nella *theoria* una (ipostasi) o due (nature). Se infatti — dice — due, (si dà) divisione e separazione, perchè ciascuna di loro è conosciuta separatamente. E se — dice — una, (è) *phantasia* ed immaginazione.

Così allora, secondo la vostra parola, dato che conoscete nella *theoria* la santa Trinità, per il fatto che (è) tre ipostasi, (si dà) divisione e separazione perchè conoscete separatamente ciascuna di loro; per il fatto che, ancora, nella *theoria* (ne) conoscete una natura, vale a dire *ousia*, secondo la vostra parola (la) conoscete in una *phantasia* e finzione del pensiero e dell'immaginazione, e non in verità. Noi invece, camminando sulle orme dei santi Padri, professiamo un Figlio, un Signore, un Cristo che è conosciuto in due nature.

Dite tuttavia a noi che vi interroghiamo, questa una natura composta di Cristo che è da voi professata, che, secondo la vostra parola, è da due nature diverse-in-*ousia*, è una in una realtà che esiste separatamente o è conosciuta una nella *theoria*? E se è una in una realtà che esiste separatamente, allora è altra, al di fuori * di queste (nature) * p. 18 da cui è. Se poi, ancora, è conosciuta una nella *theoria*, secondo la vostra parola è immaginata essere una in una *phantasia* e finzione del pensiero, e non (lo) è realmente e veramente.

4 S. Se Cristo è due nature, qual'è l'effetto dell'unione?

O. L'effetto dell'unione è questo, che ci mostri un Cristo e la sua una ipostasi, pur essendo conservate in lui queste due, la sua divinità e la sua umanità.

Se la natura di Cristo, secondo la vostra parola, è composta, (e) la natura del Padre e dello Spirito Santo semplice, allora Cristo non è connaturale al Padre e siete trovati professare due nature, pur non volendo(lo) : una semplice, del Padre e dello Spirito, ed una composta, di Cristo, che è da voi finta.

5 S. Affermi che la salvezza per gli uomini si fece nella morte di Cristo Dio, sì o no? È chiaro che (lo) affermi. (Ma) professando una natura mortale e l'altra immortale, è chiaro (che) affermi di essere salvato dalla morte dell'uomo, vale a dire della natura mortale.

O. Professate Dio Verbo una natura semplice prima dell'unione e dopo l'unione una natura incarnata, sì o no? È chiaro che (lo) professate, cioè : prima dell'unione (una natura) non incarnata, dopo l'unione (una natura) incarnata. Dato che, dunque, prima dell'unione (lo) dite una natura e dopo l'unione una natura con l'addizione della carne, diteci : siete salvati dall'una natura, questa che è da voi professata, o dalla carne, quella che assunse?

E se siete salvati dalla natura del Verbo, quella di prima dell'unione al di fuori della carne, come non siete negatori-della-sua-umanità? * E se, ancora, [dalla] carne, quella che assunse, come non siete nega- * p. 19 tori-della-sua-divinità? Se, ancora, siete salvati [dalla] natura di Dio Verbo con la carne che assunse dalla gloriosa Maria, come non siete salvati da un Cristo, in cui sono conosciute due nature, cioè Dio e uomo?

6 S. Questa una ipostasi che professi Cristo, è il Dio o l'uomo? Parla ed opera divinamente o umanamente? Soffrì e morì o resta al di sopra della sofferenza e della morte?

O. Noi, oh voi! con coscienza pura e ferma professiamo che Cristo è una ipostasi, ed il medesimo è nella sofferenza e sopra le sofferenze, e nella morte e sopra la morte, ed opera divinamente (ed) anche umanamente. Per quel (che è) della divinità sopra la sofferenza, per quel (che è) della umanità, nella sofferenza, e per il fatto che è Dio, sopra la morte, per il fatto che è diventato uomo, divenuto sotto la morte.

Dite ora a noi che vi interroghiamo: professate sì o no l'una ipostasi del Figlio che ha la natura di suo Padre e la carne animata della gloriosa Maria? In queste (nature) è ed opera e parla, o al di fuori di queste? O conoscete queste nell'una natura, in quella che è da voi professata? E se le conoscete in essa, diteci: questa è Dio o uomo? Parla ed agisce divinamente o umanamente? Soffrì e morì, o resta sopra sofferenza e morte? E se direte, infatti, che restò sopra sofferenza e morte, è quella di Dio, unicamente; e se soffrì e morì, è quella del semplice uomo. Se poi non (è) alcuna di queste, spetta
* p. 20 a voi dire * che siano queste che sono al di fuori di quest'una natura da voi professata.

Ma se ancora direte che tutto questo è (proprio) dell'una, medesima natura, come non attribuite all'una sua parte il fatto che soffrì e morì, e all'altra sua parte, ancora, il fatto che (restò) sopra sofferenza e morte, il che è una stupidaggine?

7 S. Quali sono le proprietà che *caratterizzano* e distinguono ed indicano l'una ipostasi di Cristo che è da voi formata e finta?

O. Ricevi in risposta a questo che la proprietà del Padre è la paternità, e la proprietà del Figlio l'essere-figlio, e la proprietà dello Spirito Santo la processione: queste sono le proprietà *caratteristiche* delle tre ipostasi della divinità. Ingenerato e generato e proceduto: questi non sono nomi di *ousie* ma il modo dell'esistenza.

8 S. Quali sono per voi i nomi e le proprietà ed i segni generali e quali i particolari, e tramite quali le due nature che da voi sono contate nel Cristo sono riconosciute?

O. Le nature che sono da noi professate in Cristo sono riconosciute per il fatto che (è) Dio, per il fatto che (è) uomo.

Le proprietà delle nature per il fatto che (è) increato e creato; per il fatto che (è) impassibile e passibile; per il fatto che (è) sopra la morte e nella morte: e le une e le altre sono (proprie) dell'una ipostasi del Verbo.

Questa una natura che professi, è particolare o generale? E se è generale, date le proprietà e i segni e i nomi che indicano la sua generalità. Se poi è particolare, similmente date le proprietà e i segni e i nomi che mostrano la sua particolarità. Se poi (non è) nè particolare nè generale, come volete dateci il suo nome e la sua proprietà e la sua definizione, affinchè sappiamo che cosa è. * E forse direte: diciamo questa una natura, che è da noi professata, 'da due nature particolari'. Ma come (allora) non riconoscete molte nature nella santa Trinità e nella umanità? * p. 21

9 S. Queste due nature che professi nell'uno Cristo, sono realtà o no? Così anche l'una ipostasi di Cristo, è per voi una realtà o no?

Ma se le due nature (sono) realtà, allora sono due, ed esistono e sussistono in loro realmente due ipostasi. Così anche l'una ipostasi, se è una realtà e realmente sussiste ed esiste, è veramente ipostasi, e (ci sono) per voi tre realtà, vale a dire tre ipostasi di Cristo. Insieme con il Padre e lo Spirito Santo (sono) allora cinque queste (ipostasi) che sono da voi adorate al modo dei pagani.

O. Le nature di Cristo, oh voi! non sono nomi vani e senza senso, ma sono naturalmente mantenute secondo la parola che loro si riferisce. Noi diciamo che il Figlio è generato dal Padre e (che) non ha l'ipostasi del Padre; ha invece la natura del Padre, e non è nome vano e senza senso. Neppure il corpo del Verbo, che è natura umana, diciamo essere nome vano e senza senso perchè nella ipostasi del Verbo ebbe sussistenza; e non perchè sia generato dalla vergine Maria ha l'ipostasi di sua madre, ma ha l'*ousia* di sua madre. Questa ipostasi che è da noi adorata e glorificata insieme con il Padre e lo Spirito Santo, ancora, realmente e veramente esiste in ogni tempo ed è una (ipostasi) della santa Trinità, senz'essere estranea a queste nature che in essa sono conosciute, e non è, come *avete accusato* invano e detto, * che adoriamo una Pentade al modo dei pagani e * p. 22
non la Trinità *cristianamente*.

Voi piuttosto diteci, le due nature che si raccolsero nell'unione sono realtà o no? Se è così, l'una natura di Cristo che dite essere stata compiuta da quelle, è per voi realtà o no? E se sono realtà, secondo la vostra definizione sono veramente delle ipostasi, e per voi (si danno) tre realtà, vale a dire ipostasi, di Cristo, insieme con il Padre e lo Spirito Santo.

Se invece per voi non è una realtà la una natura media che è stata compiuta dalle due, e non sussiste separatamente, allora è un nome vano e finzione delle vostre riflessioni, e sono trovate a voi, nell'adorazione, quattro realtà, perchè nulla togliate al malvagio pensiero dell'infame Nestorio.

E ancora, se la natura sarà detta una realtà separata e l'ipostasi una realtà separata — secondo questa vostra definizione non *legittima* —, per il fatto che dite (avere) una natura ciascuna delle ipostasi, queste (nature) che da voi sono dette particolari, sono trovate anche a voi tre realtà delle nature che da voi sono dette particolari, e tre realtà, quelle che veramente sono le ipostasi della santa Trinità, ed una realtà ancora, la natura generale che comprende queste tre particolari. Insieme con l'una natura composta che è da voi professato (essere) Cristo, che è realtà secondo la vostra parola, le realtà tutte sono otto, e siete trovati per un numero più ricchi dell'ebdade-di-Dei dei magi.

* p. 23 **10** * S. Queste due nature che professi nel Cristo, sono razionali, sì o no?

O. A vostra confutazione ci basti S. Ambrogio *vescovo* di Milano. Ecco! dunque, nel secondo discorso sulla fede a Graziano imperatore egli così disse[1] : «Manteniamo la diversità della divinità e della carne! Un Figlio di Dio parla infatti nelle due, perchè anche ha in sè le due nature. Ma anche se parla lui, non parla sempre ad un modo. In lui vedi infatti ora la gloria di Dio, ora le sofferenze dell'uomo. Come Dio dice cose-divine, perchè è il Verbo; come uomo dice cose-umane, perchè parla in questa mia natura». Ecco! questo maestro disse uno il Figlio di Dio che parlò nelle due e che ha in sè le due nature.

11 S. Cristo, per il fatto che (è) Cristo è due nature, o per il fatto che (è) due nature (è) Cristo?

O. Cristo lo conosciamo duplice, e, poichè è Dio perfetto e uomo perfetto, diciamo e professiamo come i santi Padri le due nature unite nella diversità-di-*ousia* della sua divinità e della sua umanità.

12 S. Per il fatto che è Figlio è due nature o per il fatto che è due nature è Figlio?

O. Per il fatto che è Dio e uomo veramente diciamo del Figlio che è due nature, per il fatto che in lui sono conosciute queste da cui è.

13 S. Perchè il Padre è Dio? Per il fatto che è Padre o per il fatto che è ingenerato?

* p. 24 O. Il Padre non è Dio per il fatto che è Padre, * e neppure è Dio per il fatto che è ingenerato, ma è Dio perchè è eterno e al di sopra dei tempi.

[1] Ambrogio, *de Fide*, l. II, c. IX, § 77, 600B = 84s., 32-38.

14 S. L'ingenerazione del Padre è *ousia* o accidente?

O. L'ingenerazione del Padre non è nè *ousia* nè accidente, ma questo nome di ingenerato non indica l'*ousia*, bensì solo questo, che non divenne.

15 S. I *cristiani* professano una la natura della Trinità e tre le ipostasi. Diteci se in quel che (è) una è tre e in quel che (è) tre (è) una, o (se) in altro (è) anche altro.

O. Chi (c') è invero fra tutti i *cristiani* che non sappia che la Trinità (è) uno e l'uno è Trinità? E non in quello per cui è uno è tre, nè in quello per cui (è) tre uno, perchè è compresa nell'unità e distinta nelle ipostasi.

16 S. È la divinità del Padre la sua ipostasi o qualcos'altro? E (dicci) se la divinità del Padre è (quella) del Figlio e (quella) del Figlio (quella) del Padre e se in tutto sono uguali le ipostasi della santa Trinità, o se in qualcosa sono uguali e in qualcosa diverse.

O. Noi diciamo che la divinità del Padre è indicata dalla generalità dell'*ousia* della santa Trinità e la paternità dall'ipostasi del Padre. Similmente la divinità del Padre è (quella) del Figlio e (quella) del Figlio (quella) del Padre, e le ipostasi della santa Trinità sono uguali in tutto per quel che (riguarda) l'*ousia*, dicendo noi (essere) ciascuna delle ipostasi della medesima (*ousia*), (quella) del Padre e del Figlio e dello Spirito di Santità.

17 S. Dite due nature che divennero da due o dite una natura che divenne da due nature?

O. Noi invero nè diciamo due nature che divennero da due, * nè, * p. 25
ancora, affermiamo che una natura possa divenire da due nature. Diciamo invece che due nature vennero all'unione dell'ipostasi, mantenendosi ed apparendo nell'unione la conoscibilità delle nature.

18 S. (Cristo è) Dio tutto intero e uomo tutto intero?

O. Quando diciamo due nature, intendiamo la divinità e l'umanità, e, nel medesimo segno, nel nome dell'umanità sentiamo la divinità. Se infatti lì c'è la divinità e l'umanità, (e) la divinità e l'umanità sono diverse nei nomi, lì ci sono due nature, come due (sono) i nomi, e la conoscibilità delle nature non divide l'unione dell'uno Figlio, come non lo divide la diversità (lett. : il diverso) dei nomi.

19 S. Se dite due nature nel Cristo, concordate con il pensiero di Paolo di Samosata e di Nestorio e professate due i Figli e i Cristi.

O. Noi piuttosto, che professiamo due nature in un Figlio, dobbiamo proferire ingiurie più gravi di queste vostre circa il discorso dell'una natura da voi fatto : cioè che queste vostre (parole) concordano con e sono equiparabili a la dottrina di Valentino ed Apollinare e di Eutiche, e che operano mutamento e mescolanza delle nature e che negano del tutto la puntuale verità dell'umanità di Cristo.

20 S. Se le nature si unirono, perchè non divennero una natura? E se sai che sono ancora due, perchè dici che si unirono?

Il fatto che si unirono indica infatti questo, che divennero una
* p. 26 natura, e di nuovo dico * che, se le nature si unirono, come la loro unione tolse di mezzo il numero delle ipostasi, così la loro unione abolì il numero delle nature.

O. Noi, (quanto a) noi diciamo che le nature si unirono, e non che si alterarono. E le conosciamo uno in ciò per cui diciamo si unirono, e non nella perdita dei loro segni (caratteristici). Diciamo infatti che vennero l'una all'altra quando Dio Verbo assunse il corpo e lo unì alla sua ipostasi e si mescolò a lui come piacque alla sua volontà ed alla sua forza onnipotente : e questa è la congiunzione delle nature che diciamo, e non che divennero una natura. Infatti, che divengano una natura, questa non è congiunzione, ma eversione e confusione ed allontanamento dalla loro naturalità : la diversità delle nature le mostra infatti essere due nature.

Fine.

IX

Questioni di Leonzio monaco contro i giacobiti.

1 Se Cristo è Dio e uomo anche dopo l'unione (e) Dio e uomo non sono una natura, neppure Cristo allora dopo l'unione è una natura.

2 Se Cristo è connaturale al Padre e connaturale a noi (e) noi ed il Padre non siamo partecipi-di-una-natura, neanche Cristo allora è una natura dopo l'unione. Non è possibile infatti che una natura sia connaturale ad un' (altra) natura senza che (siano) del tutto affini l'una all'altra.

3 Se, come loro dicono, la natura di Cristo è composta (e) la
* p. 27 natura del Padre è semplice, * allora Cristo non è connaturale al Padre. Se poi dicono questo, come non divennero-gli-eredi della bestemmia di Ario?

4 Se quando dicono Cristo da due nature, lo dicono dalla divinità e dalla umanità, e quando (lo) dicono dalla divinità e dalla umanità lo dicono da due nature, e, anche senza volere, intendono da una parte e dall'altra la medesima cosa, come, quando dicono che dopo l'unione (è) perfetto nella sua divinità e nella sua umanità, non lo dicono perfetto in due nature dopo l'unione?

5 L'unione è unione degli uniti. L'unione e gli uniti sono contemporaneamente : non è infatti possibile che l'unione sia senza gli uniti, nè gli uniti possono essere uniti al di fuori dell'unione. Sempre diranno che l'unione è, sempre saranno anche le nature di cui è l'unione.

6 Se la diversità delle nature secondo la loro parola è mantenuta dopo l'unione, e non è possibile che sia mantenuta la diversità senza che siano mantenute queste realtà di cui (c') è la diversità, allora queste nature, di cui (c') è la diversità, sono mantenute anche dopo l'unione.

7 Se non è giusto siano anatematizzati quelli che dicono che le proprietà sono mantenute dopo l'unione, come disse il loro maestro Severo[1], (e) le proprietà non possono essere mantenute senza che siano mantenute le nature di cui (esse) sono le proprietà, allora non è giusto siano anatematizzati quelli che dicono che le nature sono mantenute dopo l'unione.

8 Se il dire 'altri ed altri' è contrario al dire 'altro ed altro', come disse il beato Gregorio[2], e quando diciamo della Trinità 'altri il Padre ed altri il Figlio e altri lo Spirito Santo' capiamo tre ipostasi ed una natura, * come, (dicendo) del Cristo altra la divinità (ed) altra, * p. 28
poi, la umanità, non diciamo conseguentemente una l'ipostasi di Cristo e due le nature?

9 Se, essendo Dio Verbo unito al Padre nel concetto della natura, è distinto da lui nel concetto dell'ipostasi, come testimoniano tutti i Santi, e in ciò per cui è unito al Padre, in questo è distinto dalla carne, e in ciò per cui è da lui distinto, in questo è unito alla carne, giustamente dunque Cristo è detto uno nel concetto dell'ipostasi, due invece nel concetto delle nature, secondo la diversità della nozione di divinità e di umanità.

10 Se l'unione nell'ipostasi, come dissero i Padri[3], 'nulla mostra, se non unicamente [che] la natura del Verbo, vale a dire la sua ipostasi, si unì veramente alla natura umana senza alcun mutamento

[1] Cfr SEVERO, *ad Oecumenium*, 7-8.
[2] Cfr GREGORIO NAZIANZ., *I° ad Cledonium*, 180A-B = § 20-21, 44 e 46.
[3] Cfr CIRILLO, *Apologeticus*, 401A = 115, 12-15.

e confusione', e nessuna delle nature abbandonò quel che era per-natura, ma restò nelle sue definizioni naturali, come non sono due le nature dopo l'unione?

11 Se il numero, secondo il loro discorso, introduce la divisione, e per questo rifiutano di dire due nature in Cristo, (ma) anche loro dicono due proprietà e due generazioni di Cristo, come non dividono chiaramente in due l'uno Cristo Figlio del Dio Vivente? O non facciano quel che riprendono, o non riprendano quel che fanno.

12 Se la forma assunse forma[4], come dissero i santi Padri, e la forma di Dio è *ousia* di Dio e la forma di schiavo *ousia* di schiavo, come insegnarono i nostri Padri[5], allora in Cristo sono conosciute
* p. 29 due *ousie*, * quella che assunse e quella che fu assunta, come insegnarono i santi Padri.

Fine delle questioni di Leonzio, monaco della regione della Palestina.

X

Ancora: questioni di Anastasio monaco contro quelli che respingono la professione delle due nature.

1 Questa diversità delle nature che dite mantenuta dopo il sottintendimento dell'unione, è mantenuta nelle nature da cui (è) l'uno Cristo o fuori di loro?

2 [1]La diversità delle nature da cui (è) Cristo, della divinità, dico, e della umanità, la professate essere quella che da loro è detta alterità-di-*ousia*, vale a dire non-uguaglianza-di-*ousia* di queste nature da cui (è) Cristo, o una tale diversità non la professate essere alterità-di-*ousia* [di] queste che sono dette 'da cui (è) Cristo', (cioè) della divinità e della umanità?

3 O apertamente professate con la diversità delle nature da cui (è) Cristo anche queste nature di cui è la diversità affatto inseparabilmente, o apertamente negate(la), perchè non dite la diversità fuori dalle nature da cui (è) Cristo.

4 Questa diversità delle nature che professate dopo il sottitendimento dell'unione, è conosciuta in una alterità che (è) nel numero, o nell'una natura uguale-in-*ousia* e basta?

[4] Cfr *Fil.* 2, *6-7*.
[5] Cfr Psd-Cirillo, *de Incarnatione*, 1425D-1428A e C.
[1] Cfr Br. M. 860 (Add.12.154), f. 237r°.

5 La natura di Dio Verbo e la sua umanità (sono) una natura nell'uguaglianza-di-*ousia* e basta, o due in alterità-di-*ousia* e basta?

6 * L'unione è indicativa o abolitrice delle nature da cui (è) l'uno * p. 30 Cristo?

7 [2] Cristo è semplice o doppio?

8 [3] L'incorporazione di Cristo è *ousia* o accidente?

9 [4] Questa diversità che dite mantenuta dopo il sottintendimento dell'unione è mantenuta in Cristo o fuori di Cristo?

10 [5] Queste due che vennero insieme all'unione, la vera ed ipostatica, sono in ogni tempo e momento due in alterità-di-*ousia* e basta?

11 [6] Il Padre e il Verbo sono una natura o no? E se dicono (di) sì, domanda così: il Verbo e la sua carne sono una natura o no? E se dicono (di) sì, concludi così: allora e il Padre e il Verbo e la carne del Verbo sono una natura, e quale empietà c'è che superi questa, che il Padre e la carne del Verbo siano una natura?

12 [7] Se Cristo è uguale-in-*ousia* al Padre per quel che (è) la divinità, e uguale-in-*ousia* a noi per quel che (è) l'umanità, Cristo è due nature e non una. Come infatti l'uno sarebbe uguale-in-*ousia* a quelli che sono diversi-in-*ousia*?

13 Se le nature restarono senza confusione nell'unione, ed ognuna di loro rimase nella definizione e nel concetto che (si dà) a suo riguardo, senza che alcun mutamento o confusione alcuna di loro abbia subito a motivo dell'unione, come non è necessità che professino due nature dopo l'unione?

14 Se l'una natura divenne da due nature, quale di loro si perdette?

15 [8] Questa una natura che professi è creata * o increata? E se dun- * p. 31 que è creata, non è Dio, e se è increata, come subì morte e sofferenza? Ma se è entrambe le cose, dico creata ed increata, come è una natura e chi è così empio da chiamare l'Essenza e la creatura una natura?

16 [9] Professi che Dio Verbo assunse qualcosa dalla Vergine santa o no? Il qualcosa che assunse cos'è? Natura o ipostasi, o nè natura nè ipostasi ma [*apparenza*?]

[2] Cfr XII, 11.
[3] Cfr VII, 4; XII, 12.
[4] Cfr XII, 13.
[5] Cfr XII, 14.
[6] Cfr. II, 3; VII, 7; XII, 15.
[7] Cfr XII, 17.
[8] Cfr XII, 18.
[9] Cfr XII, 19.

XI

1 ... ed è, o fuori dalle nature e dalle ipostasi, quelle in cui (sono) naturalmente?

Se volete, datele a Pietro, quello che vi è guida, e mi risponda al loro riguardo.

2 Se (ad) uno è chiesto : le nature sono mantenute inconfuse dopo l'unione, sì o no? Se rigira (la domanda) : come chiedi che sono mantenute, come una o come due?, digli : tu dici (che) sono mantenute nel concetto dell'*ousia* come una, sì o no? E se dice : come una, ha proferito una stupidaggine. E se invece dirà : come due, due (le) dica dopo l'unione.

3 Se uno domanda : affermi che dopo l'unione la diversità delle nature da cui (è) l'uno Cristo è mantenuta o (che) non è mantenuta?, esigi da lui che così distingua nel discorso : tu esigi che io parli della diversità, dopo l'unione delle nature, di nature che sono mantenute dopo l'unione come che sia, o di nature che non sono affatto dopo l'unione? E se dice : di nature che non sono affatto dopo l'unione, * p. 32 digli : * se le nature non sono affatto mantenute secondo il tuo discorso, neppure la loro diversità è mantenuta.

Se poi dice : di nature che sono mantenute dopo l'unione come che sia, (ma) non come due e neppure come molte, domandagli : queste nature che dici mantenute dopo l'unione non come due nè come molte, sono diverse l'una dall'altra nel concetto dell'*ousia*, non essendo quanto a questa una, o no? E se dice di no, confonde le nature; se poi dice che sono diverse, digli : le nature, queste che dici essere dopo l'unione diverse l'una dall'altra nel concetto dell'*ousia* e che, quanto a questa, non sono una, sono e sono nominate due assolutamente.

4 Professi (che) sempre e per l'eternità Dio Verbo resta ed è con una natura altra per *ousia* e la carne della detta altra natura, o vi è un tempo in cui questa (unione) è tolta e rimossa di modo che queste nell'ousia siano nature diverse?

5 È possibile vi sia diversità nella nozione *essenziale* non essendoci nature diverse come in alterità-di-*ousia* o no? Se poi rimasero senza diversità, ciascuna di loro acquisì quel che essa è, cosicchè è per causa naturale.

6 La distinzione che (è) nella nozione di diversità delle nature che professi, il (fatto) che da loro (sia) Cristo, (è) nell'*ousia* natura (ed) ipostasi dall'*ousia* o no?

Fine delle questioni di Giovanni.

XII

Ancora: questioni di ecclesiastici contro i giacobiti.

1 Diteci: cos'(è) anteriore nel Cristo, l'unione * alle nature o le nature all'unione? Se dice che l'unione (è) anteriore alle nature, cade; e se, ancora, dirà che le nature sono anteriori all'unione, similmente cade, non essendosi fatta l'unione senza le nature. * p. 33

2 [1] Diteci poi: l'unione è confermatrice o abolitrice delle nature che si sono unite in nostro Signore?

Se dice che l'unione è abolitrice delle nature, cade perchè, ecco! abolisce la divinità e l'umanità di nostro Signore, e succede che non tiene alcunchè. Ma se, ancora, dirà che l'unione è confermatrice delle nature, ci dica: è confermatrice o abolitrice del (loro) numero?

Se dirà che l'unione è abolitrice del numero, domanderemo: di cosa abolisce il numero? Se dice: delle nature, di nuovo domanderemo: com'è possibile che i numeri delle nature siano aboliti e le nature non siano abolite? Se le nature sono confermate, anche il loro numero è confermato. Com'è possibile infatti che, confermate le nature, il loro numero sparisca? Se infatti abolirono i numeri, abolirono anche le nature con il loro numero che sparì.

Ci mostrino, se possono, quale dei santi Padri disse queste cose.

3 Dicci poi, quello che sedeva sul puledro (dell'asina)[2] nel corpo, sedeva sul carro dei cherubini[3], sì o no? Se dice di no, allora era (tutto) compreso sul puledro; ma se diranno che sedeva anche sul carro, ci dicano: sedeva sul carro nel corpo o senza corpo? Se hanno detto: nel corpo, come disse nostro Signore: "Ancora non sono asceso presso il Padre mio»[4]? Ma se hanno detto che lassù era senza corpo prima dell'ascensione, allora lassù era senza corpo e quaggiù, il medesimo, nel corpo fino all'ascensione: (ma) allora quaggiù aveva due nature.

[1] Cfr VII, 8.
[2] Cfr *Mc.* 11, *7.*
[3] Cfr *Ez.* 1, *4-28.*
[4] *Gv* 20, *17.*

4 E ancora domanderemo: professate che due nature vennero all'unione in Cristo, sì o no?

* p. 34 Se dicono * di no, cadono dall'insegnamento dei santi Padri che affermano che non esiste unione di una sola (natura)[5], ma se professano di sì, ci dicano: c'era un'ipostasi *caratteristica* per ciascuna delle nature al momento dell'unione, sì o no?

Se diranno di no, come allora dicono che non c'è natura senza ipostasi? Ma se, ancora, diranno che professano le ipostasi *caratteristiche* per le nature al momento dell'unione, cadono. Dice infatti il *Teologo* nei capitoli che compose[6]: «Chiunque dice che l'uomo fu formato e successivamente unito a Dio è condannato. Infatti questa non è generazione di Dio, ma elusione della generazione», cioè cade nella scelleratezza di Nestorio, perchè come lui professa l'unione delle ipostasi.

5 Ancora domanderemo: a quante (nature) è connaturale Cristo, connaturale ad una o a due? Se dirà: connaturale ad una, cade.

Ci dica poi: connaturale a quale? Se dirà: connaturale alla divina solo, ha rinnegato la sua nascita secondo la carne, che è dalla Vergine; e se dice: è solo uomo, ha rinnegato la sua nascita dal Padre.

E se, quando sia stato messo-alle-strette da queste (considerazioni), professerà: è connaturale a due nature, perchè oh *eretico*! non ebbe le due nature dei suoi genitori, a somiglianza dei suoi genitori? Ma se dirà di no, chiaramente ha rinnegato la natura della sua divinità e la natura della sua umanità.

6 [7]Diteci: questa una natura che dite (essere) nostro Signore dopo l'unione, è uguale al Padre nell'*ousia*, sì o no? Se diranno di sì, cadono perchè uguagliano al Padre la carne nella natura. Se invece diranno di no, cadono perchè a causa della carne privano il Verbo della uguaglianza-in-*ousia* con il Padre.

E se ancora, quando siano stati messi-alle-strette da queste (considerazioni), domanderanno: diteci in quale natura (nostro Signore) è uguale al Padre ed in quale agli uomini, se dicono: al Padre in
* p. 35 quella divina * e a noi in quella umana, hanno professato le due nature dopo l'unione.

7 Diteci: professate due proprietà in Cristo dopo l'unione?

Se dicono di no, allora non concordano con il loro maestro. Ma

[5] Cfr CIRILLO, *ad Eulogium*, 225D = 36, 7s.

[6] GREGORIO NAZIANZ., *I° ad Cledonium*, 177C-180A = § 17, 42 e 44.

[7] Cfr VII, 9.

se, ancora, diranno che (le) professano, ci dicano: attribuite le due proprietà ad una natura o a due nature? Se dicono: ad una, cadono. In una e medesima natura avrebbe sostenuto allora sofferenza ed impassibilità e morte ed immortalità, e come è possibile?

8 [8]Questa una natura che professate è quella di prima dell'unione o un'altra?

Se diranno di sì, cadono: allora non sarebbe quella 'da due'. La natura di prima dell'unione non era 'da due'.

E se diranno di no, allora è chiaro che formate una nuova natura a partire dall'unione.

9 [9]Diteci: la natura di prima dell'unione resta in lui dopo l'unione, sì o no? E se hanno detto di no, allora la hanno perduta; ma se hanno detto di sì, diteci: anche questa natura 'da due' che è dopo l'unione è in lui o no? Se diranno di no, come allora la professano quando non è? Ma se diranno di sì, allora anche loro professano due nature, cioè la natura di prima dell'unione e quella di dopo l'unione.

10 [10]Diteci: in questa una natura incarnata di Dio Verbo, c'è in essa unione, sì o no? Se dicono di no, smarriscono l'unione del Cristo, ma se dicono di sì, ci dicano: l'unione (è unione) di una natura o di due? Se diranno: di una, cadono. S. Cirillo disse infatti che non esiste unione di una natura[11]. Ma se affermeranno: è (unione) di due, assegnate la vittoria lì dov'è.

11 [12] * Cristo è semplice o doppio? * p. 36

12 [13]L'incorporazione di Cristo è *ousia* o accidente?

13 [14]Questa diversità che dite mantenuta dopo il sottintendimento dell'unione è mantenuta in Cristo o fuori di Cristo?

14 [15]Queste che vennero insieme all'unione, la vera ed ipostatica, sono in ogni tempo e momento una natura in uguaglianza-di-*ousia* e basta, o sono in ogni tempo e momento due in alterità-di-*ousia* e basta?

15 [16]Il Padre ed il Verbo sono una natura, sì o no? E se dicono

[8] Cfr VII, 10.
[9] Cfr VII, 11.
[10] Cfr VII, 12.
[11] Cfr CIRILLO, *ad Eulogium*, 225D = 36, 7s.
[12] Cfr X, 7.
[13] Cfr VII, 4; X, 8.
[14] Cfr X, 9.
[15] Cfr X, 10.
[16] Cfr II, 3; VII, 7; X, 11.

(di) sì, domanda così: il Verbo e la sua carne sono una natura, sì o no? E se dicono di sì, concludi così: allora e il Padre e il Verbo e la carne del Verbo sono una natura, e quale empietà c'è che sia comparabile a questa, che il Padre e la carne del Verbo siano una natura?

16 [17]Qualunque natura sia, ha definizione distinta e proprietà unica. Se professi Cristo una natura, quale ne è la definizione e quale ne è la proprietà?

17 [18]Se Cristo è uguale-in-*ousia* al Padre per quel che (è) la divinità e uguale-in-*ousia* a noi per quel che (è) la umanità, Cristo è due nature, non una. Come infatti l'uno potrebbe essere uguale-in-*ousia* a questi che sono diversi-in-*ousia*?

18 [19]Questa una natura che professi è creata o increata? E se dunque è creata, non è Dio, e se è increata, come subì morte e sofferenze? Ma se è entrambe le cose, dico creata ed increata, come
* p. 37 * è una natura e chi è così empio da chiamare l'Essenza e la creatura una natura?

19 [20]Professi che Dio Verbo assunse qualcosa dalla Vergine santa, sì o no? Il qualcosa che assunse cos'è? Natura o ipostasi o natura ed ipostasi o nè natura nè ipostasi, ma *apparenza*?

XIII

Ancora: contro i giacobiti.

1 [1]Cristo è conosciuto dopo l'unione in queste (nature) da cui è, sì o no?

2 [2]Dite che la diversità delle nature è mantenuta in Cristo dopo l'unione o mantenete la diversità delle nature senza le nature?

3 [3]L'una natura incarnata del Verbo è queste due nature che si unirono, sì o no?

4 [4]Professi in Cristo dopo l'unione l'*ousia* del Padre e l'*ousia* della madre, sì o no?

[17] Cfr VII, 13 e 16.
[18] Cfr X, 12.
[19] Cfr X, 15.
[20] Cfr X, 16.
[1] Cfr VII, 22.
[2] Cfr VII, 24.
[3] Cfr VII, 27.
[4] Cfr VII, 28.

5 [5]Il Padre e il Figlio e lo Spirito (sono) una natura in questa natura 'da due' o in un'altra?

6 [6]Dio soffrì e morì nella sua-propria natura o nella nostra natura?

7 [7]Questa una natura 'da due' e quella del Padre, sono una (natura), sì o no?

8 [8]Il Padre e il Figlio sono uno nella natura semplice o nella natura composta?

9 C'è nel Figlio qualcosa che non c'è nel Padre e nello Spirito, sì o no?

10 * Il Figlio è unito al Padre ed alla carne, sì o no? * p. 38

11 Il Padre è unito al Verbo ed alla carne, sì o no?

12 Come il Figlio è unito al Padre ed il Padre non è unito alla carne, essendo il Verbo unito al Padre e alla carne?

13 Cristo (ha) una proprietà o due?

14 [9]Questa natura 'da due' che dite è finita o infinita?

15 Dio si mostrò nella sua natura o nell'altra natura, cioè nella nostra natura?

16 Dici 'due nature che si unirono' prima dell'unione o dopo l'unione?

17 Il Figlio è uguale al Padre ed inferiore al Padre in una natura o in due nature?

18 Il Verbo e la carne, una volta uniti, sono una natura o due?

19 Diteci inizio, termine e realtà-mediana dell'unione.

20 Quale la diversità tra il fuoco divino, la luce divina (e) il soffio divino?

Finirono (le questioni).

XIV

Ancora : questioni ai severiani e ai giulianisti.

1 Professi che l'una *ousia*, vale a dire la sempiterna divinità, che è conosciuta in tre ipostasi, vale a dire è quelle ipostasi, non a causa dell'una *ousia* o natura (è) una ipostasi o a causa delle tre ipostasi

[5] Cfr VII, 29.
[6] Cfr VII, 30.
[7] Cfr VII, 31.
[8] Cfr VII, 32.
[9] Cfr VII, 33.

tre *ousie*, ma (che) saldamente tre sono quanto agli atti (d'esistenza), una però (è) la divinità a causa della unicità della natura, di modo che la medesima è numerabile ed elusiva del numero, sì o no?

* p. 39 **2** * Dimmi (quel) che ti chiedo: le nature che il Dottore ha detto che non furono confuse, cioè le ipostasi[1], sono *caratteristiche* o no, dato che a partire da questo vuoi dire che natura ed ipostasi sono lo stesso?

E se (sono) *caratteristiche*, la tua scelleratezza sia a te solo. E se no, ecco! si è chiarita la tua stoltezza. E se nè questo nè quello, ma [quelle] non (sono) *caratteristiche*, questa (è) invece *caratteristica*, come a causa dell'una ipostasi, cioè *prosopon*, (c'è) una natura? Due nature dunque (è) Cristo, ma una ipostasi.

3 Se secondo sant'Efrem, nel discorso ventesimo delle invocazioni[2], «le due nature che sono celate in te mio Signore hanno prefigurato la tua croce»; e secondo il beato Basilio, nel discorso della confutazione[3], «la verità di due nature è in lui»; e secondo Gregorio il *Teologo*, nel discorso sul Figlio[4], «se anche infatti queste due (sono) uno, non (lo sono) nella natura»; e secondo Cirillo, l'erede sapiente-nelle-cose-divine, [nella] prima lettera a Succenso[5], «dopo l'unione noi non separiamo le nature l'una dall'altra»; e, nella lettera ad Eulogio[6], «se dunque diciamo unione, professiamo che (è unione) della carne animata intellettualmente e del Verbo, e quelli che dicono due nature così comprendono, ma, professata l'unione, non sono più separate l'una dall'altra quelle che sono state unite»: due nature è Cristo dopo l'unione.

4 Cristo è connaturale al Padre nella natura semplice o nella natura composta?

Se (Cristo) nella divinità (è) natura semplice, a chi è connaturale nella natura composta che (è) dalla divinità e dall'umanità?

E se (è connaturale) agli uomini, come (vi sono) uomini dalla divinità e dall'umanità?

* p. 40 E se (è) natura umana, * connaturale agli uomini nella carne, e Cristo (è) natura composta che (è) dalla divinità e dalla umanità,

[1] Cfr Cirillo, *Scholia*, 1381A-B = 227, 11-12.
[2] Efrem, *Sermo II° Rogationum*, 409 (testo), 410 (trad.).
[3] Psd-Basilio, *adversus Eunomium*, 141, 12-13.
[4] Gregorio Nazianz., *de Filio*, 113B.
[5] Cirillo, *I° ad Succensum*, 232D = 153, 21s.
[6] Cirillo, *ad Eulogium*, 225D = 36, 9-*11*.

Cristo per te (è) tre nature, senza che tu abbia stabilito a chi (sia) connaturale nella natura composta che (è) dalla divinità e dalla umanità.

5 Professi che, come Cristo è connaturale al Padre in natura avendone acquisito le proprietà naturali, dal momento che ne (ha) anche la natura, così ha anche la natura umana nella sua ipostasi, per il fatto che ci divenne connaturale nella carne, natura umana, cioè carne animata da un'anima razionale ed intellettuale, avendo acquisito le proprietà naturali della natura umana, a causa della diversità-di-*ousia* e dato che quelle che furono raccolte nell'unione, sono nell'unione ipostatica senza diminuzione, sì o no?

Fine.

XV

Ancora : questioni di Giovanni l'archimandrita.

1 C'è qualcosa che (è) da qualcosa, in rapporto a qualcosa che (è) da nulla, qualcosa come qualcosa che (è) da qualcosa o qualcosa come qualcosa che (è) da nulla, qualcosa o nulla?

2 Cos'è una natura?

Qualcosa che è costituito nel suo essere e assolutamente non ammette nè mutamento nè transformazione.

3 Cos'è un'ipostasi?

Qualcosa che esiste a partire da una natura o da numerose (nature) e giunge a composizione in una ipostasi che non patisce divisione.

XVI

Ancora : questioni d'altro genere.

...

1 [1]Come affermi essere la carne nell'ipostasi * del Verbo? Come * p. 41 natura nella natura o come natura nell'ipostasi o come ipostasi nella natura o come ipostasi nell'ipostasi o come accidente nella natura?

2 Quest'una natura composta che professate, è stata composta naturalmente o soprannaturalmente o infranaturalmente?

Fine.

[1] Cfr VII, 17.

XVII

Ancora : questioni di un ecclesiastico contro gli scrutatori, quelli che ritengono di esser giunti a scrutare la natura della gloriosa Trinità.

Questione prima :

...

XIX

Ancora : questioni contro quelli che dicono ...

...

e dice : 'anathema Gesù'[1]; quelli che dicono : 'essendo uomo ti fai Dio'[2], e 'non è veramente Signore dal Signore', ma nella filiazione e nella potenza e nell'onore e nell'amore e nel *prosopon* che racchiude le ipostasi lo dicono uno, come parlano nello Spirito di Dio?

Fine.

XXI

Ancora : questioni dei giulianisti ai severiani.

1 Professi che Dio Verbo è natura ed ipostasi, sì o no?

* p. 42 * Sì.

2 Professi che questa ipostasi di Dio Verbo fu tutta, totalmente unita alla carne animata ed intelligente, naturalmente ed ipostaticamente, sì o no?

Sì.

3 Dovunque sia questa ipostasi di Dio Verbo è incarnata, sì o no?

4 Commento : l'ipostasi di Dio Verbo è finita, sì o no?

No.

5 Domanda : la carne di Dio Verbo è dunque infinita?

6 Commento : hai distinto l'anima di Dio Verbo dal suo corpo, sì o no?

Sì.

[1] *I Cor* 12, *3*.
[2] *Gv* 10, *33*.

7 L'anima di Dio Verbo andò e predicò (l'evangelo) a quelle anime che erano tenute negli inferi, secondo le parole del libro *evangelico*[1], sì o no?

Sì.

8 Gli inferi ed il sepolcro (sono) luoghi diversi, sì o no? Se dunque dice di no, è confutato dalle parole dei Padri. Se invece risponde di sì, (gli) si chieda: Dio Verbo era ugualmente unito all'anima negli inferi e al corpo nel sepolcro, sì o no?

Sì.

9 Essendo Dio Verbo unito all'anima negli inferi, il corpo era negli inferi, sì o no?

Se risponde di sì, è confutato perchè aveva concesso che gli inferi ed il sepolcro erano luoghi diversi.

Se poi dice di no, (vi) è (un luogo) dove il Verbo è senza che (vi) sia anche la carne. * Esempio naturale: il sole e la sua luce: non * p. 43
dovunque è la sua luce, (lì) è anche il suo *globo*.

Finirono (le questioni).

XXII

Ancora: questioni contro i giulianisti.

1 Il corpo di Dio è Dio, sì o no?

A lui: l'anima di Dio è Dio, sì o no?

Se risponde di sì, (gli) si chieda: per te c'è diversità tra Dio e la divinità quando il discorso insiste sull'una ipostasi, sì o no?

Se risponde di sì, che (lo) dimostri. Se dice di no, gli si chieda: si è separata l'anima di Dio dal suo corpo, sì o no?

Se risponde di no, è confutato. Se invece concede che si è separata, si è separata la divinità dal corpo, secondo la risposta che diede sopra, il che è bestemmia.

Dio (è) il corpo ed il corpo (è) Dio, sì o no?

Nella diversità o senza diversità?

2 E ancora: il corpo di Dio Verbo è divenuto Dio nel tempo o no?

3 E ancora: l'una natura incarnata di Dio Verbo che professi dopo l'unione, affermi che divenne una nell'uguaglianza-di-natura, sì o no?

[1] Cfr *1 P.* 3, *18-20*.

4 La proprietà della natura è natura, sì o no?

5 L'anima è mortale naturalmente al modo del corpo, sì o no?

6 Quegli che la santa Vergine generò le è connaturale in alcunchè, sì o no?

7 Come professiamo Dio e uomo Cristo, il medesimo, e non diciamo che la vergine Maria è 'genitrice-della-carne', così anche quando lo
* p. 44 professiamo creato * ed increato o finito ed infinito non professiamo la carne. Come il Verbo è per sua natura impassibile, così è impassibile anche la carne animata ed intelligente, quella che egli si unì naturalmente ed ipostaticamente, sì o no?

Tutto quanto poi possiede la divinità, questo divenne anche (proprio) della carne?

Finirono le questioni.

XXIII

Ancora : questioni contro i nestoriani.

In altro modo.

1 [1]Ogni ipostasi è particolare o no? E se dice di no, domandagli : come? E se di dice : come l'uomo, domandagli : ogni ipostasi ha designazione? E se dice di sì, quale è la designazione della sua anima? E se dirà : anima, digli : come la designazione del corpo è (designazione) della natura, così anche (la designazione) dell'anima è (designazione) della natura. E subito domanda : quello che professa quattro ipostasi e le adora, è *cristiano* o no? E se dice di no, domanda : professi il Cristo essere nelle ipostasi, sì o no? E se dice di sì, domanda : Cristo è Dio o uomo? E se dice : uomo, ecco! quattro sono per lui le ipostasi — infatti l'uomo non è senza ipostasi.

2 [2]E ancora domanda così : cos'è Cristo? È Dio o uomo?

E se è Dio, anche il Padre è Cristo.

3 [3]E ancora lo stesso : cos'è Cristo? Se dice Dio incarnato ed inumanato, carne animata da un'anima razionale ed intellettuale e
* p. 45 che (è) intelligente — «il Verbo — infatti — si è fatto carne * ed abitò

[1] Cfr I, 2.
[2] Cfr I, 3.
[3] Cfr I, 4.

fra noi»[4], e «da loro (è) Cristo secondo la carne, che è Dio su tutto»[5] —, si è stabilito quel che si cerca.

4 Ancora contro di loro in altro modo : professi tre ipostasi eterne, uguali-in-natura, vale a dire in *ousia*, sì o no? La lode e l'adorazione dei *cristiani* è offerta a tre ipostasi o a quattro? Se dice : a tre, domanda così : quello che adora quattro ipostasi è *cristiano* o pagano? Se dice : pagano, domanda : adori quattro ipostasi o tre? Se quattro, non è *cristiano* secondo la sua definizione; ma se risponde che (ne) adora tre, domanda : l'ipostasi eterna del Figlio, questa fu generata da una donna secondo la carne o no? Se dice che fu generata, digli : secondo la tua definizione la Vergine è dunque madre-di-Dio.

Ma se dice che fu generato dalla Vergine l'uomo, domanda : lo adori o no? E se risponde di sì, adora quattro ipostasi e non è *cristiano* secondo la sua parola. Ma se dice che non lo adora, anche così professa quattro ipostasi, tre che adora ed una che lascia senza adorazione.

5 E ancora domanda : Paolo conosceva un Cristo o due? E se dice : due, ha mentito perchè disse ed insegnò «un Signore Gesù Cristo per cui (è) ogni cosa»[6].

6 E ancora : Cristo, «per cui (è) ogni cosa»[7], fu lui ad essere generato da Maria o un altro?

E se un altro, per te due (sono) i Figli, uno quello eterno che (è) dal Padre, ed uno quello che (è) da Maria.

E se quello «per cui è ogni cosa»[7], è Dio dunque quello che fu generato dalla Vergine in una carne animata.

7 E ancora : quello che fu generato da Maria è Dio o uomo o Dio inumanato?

E se Dio inumanato, ha concesso quello che è.

E se uomo, domanda : quello che fu generato da Maria fu crocefisso * ed operò-la-salvezza? E se risponde di sì, digli : sei salvo grazie a * p. 46
quell'uomo, e quell'uomo temi, e sei (posto sotto) il giudizio del profeta che disse : «Maledetto l'uomo che fa dell'uomo il suo braccio»[8], poichè tu adori e temi un uomo.

[4] *Gv* 1, *14*.
[5] *Rm* 9, *5*.
[6] *1 Co* 8, *6*.
[7] *1 Co* 8, *6*.
[8] *Ger* 17, *5*.

8 E ancora : il corpo ed il sangue cui partecipi, è il corpo proprio e personale di Dio Verbo o un corpo acquisito, che a causa della congiunzione del *prosopon*, come se aderisse al Signore, è uno spirito con lui, essendo in un'ipostasi particolare, quella propria di Dio Verbo?

E se (è quello) proprio, (va) bene.

Se invece non (è) quello proprio, (è un corpo) acquisito, assolutamente, come (quello) di uno dei Santi.

Fine.

CITAZIONI E ALLUSIONI BIBLICHE

(Rinvio alla pagina)

CITAZIONI E ALLUSIONI PATRISTICHE

(Rinvio alla pagina)

INDICE DEI NOMI DI PERSONA

(All'indicazione della pagina e riga segue, fra parentesi, quella dell'opuscolo e della questione. 'T' indica che il nome ricorre nel titolo iniziale o finale dello scritto.)

INDICE GENERALE

Imprimerie Orientaliste, B.P. 41, 3000 Louvain (Belgique)